职场领导力系列

新团队建设

掌握有效沟通、团结协作和组织发展

[美] 保罗·法尔科内（Paul Falcone） 著

李毅 译

中国科学技术出版社

·北 京·

The New Managers: Mastering the Big 3 Principles of Effective Management---Leadership, Communication, and Team Building / ISBN: 9781400230068
Copyright ©2022 Paul Falcone.
Published by arrangement with HarperCollins Leadership, an imprint of HarperCollins Focus, LLC.
Simplified Chinese edition copyright © by China Science and Technology Press Co., Ltd
北京市版权局著作权合同登记　图字：01-2022-6670。

图书在版编目（CIP）数据

新团队建设/(美)保罗·法尔科内（Paul Falcone）著；李毅译. — 北京：中国科学技术出版社，2023.6

（职场领导力系列/刘畅主编）

书名原文：The New Managers: Mastering the Big 3 Principles of Effective Management---Leadership,Communication, and Team Building

ISBN 978-7-5236-0105-1

Ⅰ.①新… Ⅱ.①保… ②李… Ⅲ.①企业管理—组织管理学 Ⅳ.① F272.9

中国国家版本馆 CIP 数据核字（2023）第 078038 号

策划编辑	贾　佳　牛岚甲	责任编辑	庞冰心
封面设计	创研设	版式设计	蚂蚁设计
责任校对	邓雪梅	责任印制	李晓霖

出　　版	中国科学技术出版社
发　　行	中国科学技术出版社有限公司发行部
地　　址	北京市海淀区中关村南大街 16 号
邮　　编	100081
发行电话	010-62173865
传　　真	010-62173081
网　　址	http://www.cspbooks.com.cn

开　　本	787mm×1092mm　1/32
字　　数	85 千字
印　　张	6
版　　次	2023 年 6 月第 1 版
印　　次	2023 年 6 月第 1 次印刷
印　　刷	大厂回族自治县彩虹印刷有限公司
书　　号	ISBN 978-7-5236-0105-1/F·1146
定　　价	59.00 元

（凡购买本社图书，如有缺页、倒页、脱页者，本社发行部负责调换）

序
——写给新晋经理人

本书是本套职场领导力系列的第五本,也是该系列的最后一本,本书根据新晋经理人和一线主管的需求量身定制,欢迎各位读者阅读。新上任的经理人常常会面对一系列不同寻常的问题。如果经理人掌握了此类问题的处理方法,那么在处理类似问题时会更加得心应手,这也意味着他们已经积累了必要的员工管理经验。不过,即便新任经理人已经习惯了自己的新角色,首次任职时,也会感到难以招架,非常棘手,特别是有些人一想到这些便会不知所措。

为什么是三大原则?当向首席执行官问起他们对管理团队的期许时,多数首席执行官会提到有效的领导力、出色的沟通技巧、发掘人才、遵守道德、适应能力强、对自己和他人高度负责,等等。但如果你将每份问卷浓缩凝练,领导力、沟通和团队建设每次都名列前三。

诚然,新晋经理人要求众多,但最重要的是要有稳定的个人贡献,做事亲力亲为,培养出优秀甚至卓越的团队成员,提高人才培养的数量和质量。现在,即使你领导的部门归你所有,也很少有纯粹的领导职位。但掌握领导力又需要花费时间和专注力。当然,有些人是"天生的领导者",但即使是那些从上幼儿园的第一天起就认为自己是领导者的人,也仍然有很多规则要学习,有许多"雷区"正等待涉世未深的经理人去"踩",所以你需要磨炼技艺,选择合适的合作伙伴。

学习永远是你的首选资源。本书主题涉猎广泛,无论是企业员工敬业度、职业动机、职业发展,还是多元化意识、团队管理,应有尽有。本书还包括了自我评估、应对危机中的员工、成为开明型领导者等内容。

该系列中的五本书都旨在提高领导力,内容多样,形式各异。现在,你手中的这本是第五本,本书将所有内容合而为一,遐迩一体,激励你成为员工信任的领导者，提高战略思考能力，提升你的影响力。

没有一本书或一套丛书可以囊括如此多影响有效领导力的因素。接下来的内容有助于增进你对自身能力的信心，掌握内部教练的艺术（并不仅仅局限于纪律要求），以关怀和积极的态度直面问题，形成你自己独特的管理和领导风格。更重要的是，本书将防止你落入陷阱，帮助你擦亮双眼，避免事与愿违。请放心，作者是你的坚强后盾，懂得你面临的独特压力和挑战；作者坚信，只要你坚持自我学习，发展自我意识，假以时日，你将获得丰厚的回报。

领导力是职场能给予你的最大馈赠：领导力能让你有机会接触到更多人的生活、传递善意、成为员工最喜欢的老板；多年之后，那些事业有成的团队成员会对你当初的教诲感激不尽。享受你的新角色，抓住这令人兴奋的机会吧！用心倾听，笑口常开，认可和欣赏他人，永远心怀感恩。总而言之，感激你所拥有的众多机会和你手下的员工吧！这将有助于你成就更为精彩、更为成功的人生，实现自我价值。

恭喜你此时此刻选择了学习这本书，你现在已经入门了！然而，我们很快就会知道，管理与领导截然不同，你应时刻将"领导"作为你追求的目标：积极影响他人，激励和吸引他人，将员工的潜能发挥到极致，帮助员工成长和发展。一旦熟悉之后，你就会发现这比你预想的更容易掌握。选好你的导师，随时与你的老板密切联络，让消息灵通的人力资源成为你的密友和内部指导资源；坚信你的组织和团队将在你的领导下获益匪浅。

我很高兴你选择了我和这本书来帮助你走向成功。让我们一起开启你的领导和管理生涯。我非常期待与你一起踏上这段新旅程，助你成为最卓越的领导者，这不仅是为了你自己，也是为了你所有员工的福祉。现在让我们即刻启程，探索书中的广博世界！

免责声明： 在本书中，作者交替使用了"他"和"她"，男女示例均为虚构。书中所述的相关情况适用于任何人。此外，请始终牢记本书不可用作法律指南，也不提供任何法律建议，因此当你需要适当的法律顾问和指导时，不应使用本书代替持照执业律师。你必须咨询律师获取与实际情况相关的法律意见。

目录

第一章 领导力与成为"好老板",工作满意度的终极体现 / 001

如何成为一名好老板 / 003

教练式领导 / 010

提问是指导员工的重要途径 / 016

提高员工敬业精神 / 022

信任是黄金法则 / 026

笑口常开的好处 / 032

第二章 良好的沟通就是最有效的管理 / 037

掌握专注倾听的艺术 / 039

成功的沟通技巧:
  让你的言语深入人心的简单方法 / 044

成功的员工会议的三个步骤 / 057

促进信息共享:建立季度业绩日历 / 064

跨级会议助力管理者与非直接下属对话 / 067

冲突是沟通的必要部分 / 073

高难度对话：你有道义责任去积极面对 / 083

鼓励某些员工从你的公司辞职：

 合适时机的选择 / 091

第三章　团队建设 / 101

团队协作、友情和合作的重要性 / 103

帮助团队学习成长、促进团队专业发展 / 110

授权是团队发展的一种手段：利己利团队 / 114

远程领导：管理看不见的劳动力 / 120

管理多代员工：多了解他人的想法 / 127

培养多元且包容的员工队伍的重要性 / 137

第四章　内容总结 / 143

建立关键指标，推动业务发展 / 145

人力资源部和一线经理人

 携手合作降低员工离职率 / 154

与身处危机中的员工打交道：

    积极的管理干预计划 / 160

面对成功，戒骄戒躁：

    自我评估以成为更优秀的经理人 / 171

开明型领导者：几点反思 / 176

1

第一章

领导力与成为"好老板",工作满意度的终极体现

第一章

领导力与成为"好老板",工作满意度的终极体现

如何成为一名好老板

当问及自己最喜欢的老板时,受访者的眼睛会立刻变得炯炯有神,并说:

她总是让我觉得她在背后支持着我。

他鼓励我做一些我认为自己力不能及的事情。

她总是包容我,重视我的意见,我觉得与她共事几乎总是百无一漏,我也因此信心倍增。

这些不仅仅是对老板言行举止的描述,更是侧重于老板本身。能否成为好老板取决于"存在",而非"作为"。换句话说,在领导员工时,我们应将重点从"我在做什么?"转移到"我是谁?"尊重、真诚和无私都是你自身的特质;若秉承这一哲理,那么你的行事作为皆会水到渠成,功成名就。因此,作为新任管理者,首先要问问自己:"我是谁?我应该做一位管理者还是领导者?"同样,请

时刻记住，你的目标应该是做一位躬行实践的领导者，而不是一位高高在上的管理者。当你有幸帮助并领导他人取得成功时，你个人对组织的影响力将呈指数级增长。自此之后，你个人成功与否将由团队的绩效和生产力来衡量。这是一个令人兴奋的理念！

在准备踏上领导和管理之旅之前，让我们先明确一下最终目标。美国诗人玛雅·安吉罗（Maya Angelou）曾说过："人们会忘记你说过的话，忘记你做过的事，但绝不会忘记你带给他们的感受。"我们应参照这句至理名言，调整自己的领导风格。想一想：你愿意为你自己工作吗？假如整个公司都听命于你，你会将公司带到何等高度？你对此满意吗？引用作家尼尔·唐纳德·沃尔什（Neale Donald Walsch）的话就是：予人以吾所需，授人以吾欲知，疑时心怀怜悯。就是这么简单。作为领导，你需要立身行事，为他人树立榜样，并通过培养下一代领导人来将其发扬光大，只有这样，你的领导才会更有意义，更有回报。这就是成功领导的

第一章

领导力与成为"好老板",工作满意度的终极体现

本质,你需要用这种心态去影响你的员工。你的目标是大公无私的领导,我们将在本书中进行多维度探讨。

无论是金融危机、全球疫情,还是你所处的行业或业务中发生了些许意外,新式管理者总能在危机时刻开拓进取,带领公司稳步前进。你需要广开言路,促进沟通,建立一个更强大的团队(尤其是远程工作时),评估绩效结果。在危急关头或巨变时期,你会面临更多挑战,例如:

- 缺乏安全感
- 因意外事件而失控
- 缺乏情感和社会支持(有孤独感和孤立感)
- 因意外的人事变更而失去同事和朋友
- 过度劳累、精疲力竭、缺乏自我照顾

因此,你不仅需要关注工作情况,还需要掌握一些软技能,如:倾听员工、关怀员工、与员工产生共鸣。在困难时期,你的沟通和领导策略应以下

面几点为重：

- 沟通组织资源，如组织的员工扶助计划（EAP），或人文关怀、社会服务等本地资源。
- 工作时引入片刻的冥想或小憩时间，使你的团队能够保持头脑冷静和良好的心态。
- 形成"战友"般的同事关系。使远程团队成员搭档工作，确保每个人随时都能互相支持，感觉彼此息息相通。
- 帮助他人转变观念，改变他们对时事的看法。开导他们没有过不去的坎。鼓励员工不要局限于细枝末节，要着眼全局，让员工认识到自己手头的工作影响甚广。鼓励员工思考 1~5 年后的自己将会取得何种成就。你的团队将如何利用这段时间提升员工技能、促进员工的职业发展？如何勉励员工随遇而安、苦中作乐？

激励员工同样是一项重要举措，这有助于员

第一章
领导力与成为"好老板",工作满意度的终极体现

工实现目标,建立信心,从而使员工专注于工作本身。你应引导员工记录自己的业绩,树立成就心态,丰富自身经历。为此,当你亲自或远程领导你的团队时,不妨试试以下妙招:

- 创建一个共享文档,让每位团队成员记录他们每周的进度、难题和成就,并借此表扬或奖励员工。
- 安排不同员工来主持每周的员工会议,并让他们负责会议议程和后续项目。
- 抓住员工的优点:表彰或赞扬出色工作的员工,给予员工"精神回报",这对员工个人发展非常重要。
- 每季度召开进度会议,讨论年度目标、工作障碍、工作业绩,并基于个人发展计划(IDP)拟定职业目标。
- 秉持多元与包容的态度,重视代际沟通,鼓励员工笑口常开,重视同事情谊。
- 确保远程办公人员能够平衡工作与生活的关

系（例如：避免夜间加班）；确保非豁免员工[①]拥有足够的用餐和休息时间，严格按规定支付工资和加班费。

如今，人们更青睐于雷厉风行、主动出击的领导和经理人。从现在起，你应主动引领变革，心怀宽悯，大公无私，授业解惑，促使个人与团队业绩再创新高。你应注重员工身心健康，协助员工克服恐惧和不安；要有的放矢，关注员工的表现、生产力、共享性成果。调整你的领导风格和沟通方式，让你成为别人眼中独一无二的领导者；你需在危机中领导他人，专精覃思，成为公司的顶梁柱；你还应在艰难时期鼎力相助，鼓励每位员工充分挖掘自身潜能。请记住，最杰出的领导者并非取决于他有多少部下，而是取决于他培养出了多少领导者。你可能会成为感召型领导者或变革型领导者，也可能成为"救人于水火"的领导者。在此过程中，你的

---

① 薪水按照小时计算的员工。——编者注

第一章

领导力与成为"好老板",工作满意度的终极体现

职业生涯满意度将达到顶峰。担任领导和管理的职务可以让你拥有接触他人生活的机会,让你有机会在职场中施恩布德。"掌握领导力"自始至终都围绕着"成为某人最喜爱的领导者"这个话题。有了这个概念之后,让我们一起探寻其中的奥秘。

教练式领导

一位成功的领导者并不会奉行严苛戒律,反而更像是一名"教练"。他们是兼爱无私的教师,始终关心员工的专业成长和职业发展。他们将领导地位视为一种馈赠和职场人的至高荣誉。总而言之,在商界中,如果有人说,你是员工最喜欢的老板;你充分挖掘了员工的潜力,助力他们成为出色的领导;你是员工的榜样,是对他们职业生涯影响最大的人,那么我想这就是除薪酬之外,对你最大的褒奖了。当你成为领导者、执行官、经理人或主管时,你首先想到的可能并非培养他人。但现在或许是你培养领导能力的时候了,我相信,你并非出于不得已,而是希望求仁得仁。确切地说,这可能就是你选购这本书的原因吧!接下来,让我们来快速了解一下如何能够做到这一点。

首先,真诚和无私是伟大领导者的共同特质。在传统的"管理"模式中,"老板"常大权独揽,员

第一章
领导力与成为"好老板",工作满意度的终极体现

工唯命是从。现在,领导力这一新概念已经取代了这种旧模式。"管理"十分注重监督、控制和秩序,员工个人几乎没有任何变通的余地。能力、服从和适当的权力平衡至关重要。传统的管理者注重程序,常常单方面做出决断,通过"下达命令"的方式来快速解决问题,从而达到立竿见影的效果。当然,在某些工作类型中,传统的管理模式仍是职场不可或缺的元素。

领导力则不同寻常。它的关注点截然不同,能给人带来全新的感受。若只是一味地让员工服从,员工可能并不会全力以赴地工作,想让他们付出更多努力那更是天方夜谭,员工只会花精力做自己的事情,但现在,领导力模式可以解决这一难题,取得更加理想的结果。

相比之下,领导力并不以个人决策为重,而更倾向于采纳共识。领导力旨在深入员工的心灵和思想,探寻灵感、想象力、创造力和道德行为。领导力大力倡导尊重和包容,弘扬一种鼓励无私领导、注重情绪智力的他者性文化。它能实现的最理想的

目标是：无私的领导者会受到员工的爱戴和信任，从而激发员工付出110%的努力。这通常被称为"自发努力"。

比如本系列丛书的第二本主要讲述了面试与招聘的相关内容，同时也探讨了如何成为一名好老板。你可以从申请人面试阶段开始，简单地改变你的面试提问风格，你可以向申请人询问如下问题，这有助于你增强无私领导和促进员工职业发展的意识：

- 在你职业生涯的当前阶段，你所看重的是什么？你选择下一个工作机会或职位的标准是什么（2~3条）？
- 如果你接受我们的这个职位，根据你目前对该职位的理解，你认为该职位将如何丰富和完善你的简历和领英（一个面向职场的社交平台）个人资料？它对你的长期事业目标有何帮助？
- 此外，假设你愿意加入我们，并且3~5年后需要寻找新工作，那么当新雇主问起你为

第一章
领导力与成为"好老板",工作满意度的终极体现

何当初选择我们时,你将如何作答?换句话说,该职位将如何促进你的职业发展?

其次,优秀的领导者即使已经知道答案,也还是会向员工提问。提问的过程便是指导的过程。不得不说,简单地给出正确答案可能效率更高,但采用提问的方式更有助于你团队成员的专业发展。你可能听过有些经理人说:

当你遇到任何问题或挑战时,请想出2~3个可行的解决方案,让我们一起探讨一下。

而我喜欢更加轻松有趣地发问:

我知道你现在有些茫然失措,但如果你知道答案的话,快告诉我吧!

如此提问之后,员工可能当场就会提出解决方案,而且,你还会发现员工给出的建议十分接近你的最初想法。此时,你可以继续问一些问题,从中找出正确答案,或者指导员工纠正错误,自行揭出谜底。

最后,出色的"教练式领导者"至少每季度与

员工会面一次，一对一地审查绩效目标，消除工作障碍，及时调整以应对无法预知的挑战，询问员工在职业成长和发展中的问题。

我应如何帮你更好地把握公司的结构和发展方向、给予你更多反馈？如何帮助你实现个人和职业目标？

若你想进修、考取证书和执照，或者希望能在职业发展方面获得帮助，我能为你做些什么？

如果你想扩展社交网络、提升技术能力，或是想在公司中获得更多曝光率，我该如何帮你？

为了丰富你的简历和领英的个人资料，你目前最看重什么？

你如何衡量自己的业绩？如何将其转化为季度和年度审查中的点睛之笔？

上述问题往往是伟大领导者的关注重点。而且你可能会发现，当你在员工身上倾注心血时，你的团队几乎不会有人离职。

第一章

领导力与成为"好老板",工作满意度的终极体现

教练式领导模式旨在挖掘员工身上的智慧、洞察力和创造力,诠释了"授人以鱼不如授人以渔"的道理。该模式鼓励员工深入思考,解决问题;认为员工本身就存在解决问题的潜质,只是有待于指导和发掘。指导他人取得高绩效是一项非常崇高的事业,人们可能会对你交口称赞,认为你非常善于领导员工、培养人才。努力成为一名出色的领导吧!你会迸发出前所未有的能量,并为你的职业生涯创造出更多机会。

新团队建设

提问是指导员工的重要途径

指导员工是构建有效领导力的一项关键因素，而适当的沟通又是其中不可缺少的环节。接下来，让我们一起学习如何培养员工，了解怎样通过提问促进员工发展。你也将有机会培养自己手下的员工，或者帮助其他人创造属于自己的传奇生涯。

当员工感受到上级的重视、认可和赞赏时，员工通常会更加投入、更加积极，从而提高工作效率。通常情况下，各企业每年只进行一次绩效评估，但是大多数领导和管理领域的专家（包括我）都认为，正式绩效反馈的最佳时间应为每年四小时，每季度一小时。这是现有的大部分公司和员工的绩效反馈时间总量的四倍之多！但事实上，最卓越的领导者每年都会组织四次正式反馈，目的是追踪进度，因时制宜调整目标，及时向员工通告最新情况，第一时间指导团队成员。

那么，如果你想打造一支活力十足、自我意识

第一章
领导力与成为"好老板"，工作满意度的终极体现

强、敬业度高的团队，你该采取何种措施确保全年都可以指导和培养员工呢？你与员工的交流需要做到以下几点。

1. 反馈具体化：运用真实的案例。你的反馈要详细、及时、"真实"，这样对员工来说才更有意义和可行性。

2. 平衡培养：人们既需要了解自身的不足，也需要知晓自己的优点。老话说：如果你并不只是仅仅盯住他人的缺点，而是花费更多的时间和精力发掘他人的优点，那么你领导的企业将百尺竿头，更进一步。如今，这条箴言依然行之有效。同样，作为一个领导者，你不必紧盯员工的弱点，也不必要求他们尽善尽美，你应该释放员工天赋，鼓励他们做最好的自己。团队成员各取所长，取长补短，从而实现 1+1>2 的效果，这就是团队的意义所在。员工通常更愿投入精力促进自我发展、提高自我意识，因此，除了为员工提供发展机会，你还应该向他们传达积极信号，不断鼓励，从而让你的培养更加平衡。

3.反馈及时：如果你的反馈迟来了数月，那么其影响力将大大削弱，让人觉得这并非要事。因此，在正式的绩效评估之前，你应及时地给予员工反馈，避免拖沓。久而久之，大家会认为你是一位十分关心员工发展的领导者。此外，你可以将及时反馈的任务交给员工：引导他们不定期开展调整交流会议，讨论工作进度，并让你随时了解到工作中的惊喜或意外。

4.持续反馈：汽车需要加油才能行驶，人也一样，员工也需要反馈意见的激励。这有助于他们保持专注、焕发精神，防止鸿鼇沉舟，杜绝后患。总之，如果你持之以恒地向员工反馈意见，那么在你的领导下，反馈就会变成一种期望和一种给予。

同样，在你亲自指导员工时，你可以提出这些问题：

你是否清楚地了解公司对你的期望？

你能说说在年度考评中怎样才能做到"符合预期"吗？你如何才能做到"超出预期"甚至是

第一章

领导力与成为"好老板",工作满意度的终极体现

"卓越"?

你是否拥有成功所需的才能和素质?是否得到了相应的培训?

你目前最担忧的问题是什么?

你是否觉得你的意见受到了重视?是否觉得你在团队中有发言权?

如何让我们的团队更加优秀?或者说如何更好地完成工作?请说出你认为最重要的一个方面。

你觉得你是否有足够的机会在你的岗位中学习和成长?你认为哪些轮调性任务或延展性任务能够更有效地促进你的职业发展?

当然,这些问题可以根据你的需求灵活调整,你也可以直接采用上述问题进行提问。提出具体问题固然重要,但你更应该真诚地关心员工的个人成长和发展。

请记住,沟通大师总善于褒善贬恶。在指导员工、表彰员工,或者直接解决偶发问题或员工的不良表现时,你不能仅仅局限于释放积极信息,你还

需要以积极的、建设性的方式传递具有挑战性的信息。卓越的领导者都具备非凡的沟通能力。做一位出色的、坦诚的沟通者，成为员工拥戴的教练吧！这将是你最值得的一笔投资。

取消年度绩效评估？这可不行！

有些人说年度绩效评估浪费时间，打击员工积极性，是空洞无物的案牍劳形。我认为这绝对有失偏颇，绝不可轻信。正如本系列第三本中所述，科学合理的年度评估意义重大，但如果评估内容空洞无物、脱离实际，完成后又束之高阁，那么年度评估将毫无价值可言。每季度的个人发展计划（IDP）会议都会制定出公司、部门和个人的目标，年度评估自然以此为根据。在你与团队成员一对一的个人发展计划会议上，你可以讨论目标进度和职业发展，按季度调整上述目标。上市公司发布的季度报告（10Q）是年度报告（10K）的重要组成部分，同理，公司也应该每年定期召开会议（最好每季度举行一次），总结个人绩效和研讨职业发展。

第一章
领导力与成为"好老板",工作满意度的终极体现

但这种方式也并非十全十美。这种制度虽然可以实时提供反馈,现场传达同事的认可和赞赏,但是很难传递负面信息。人们只能更含蓄地表达消极的态度。

提高员工敬业精神

当公司加薪幅度有限、升职机会很少、工作繁重、要求更多的自发努力时，你该如何激励员工？这是新晋经理人面临的又一挑战。当裁员迫在眉睫时又该怎么办：当公司即将裁员，职场中人心惶惶之时，新晋经理人如何使员工保持敬业精神？简单说来就是，当你公司面临危机时，你如何为员工树立榜样？如何培养员工的敬业精神和忠诚感？

作为领导者，你在职场中应建立彼此之间的信任、尊重和友谊，这样你才能以身作则，激励团队成员，创造出一个员工自我激励的环境。调动员工积极性的关键，首先在于如何处理你与员工的关系，同时，你还应该与优秀员工进行"留任访谈"，确保员工干劲十足并且与公司和部门总体目标一致。此外，无论团队成员是否留任，你都需要帮助他们发展个人技能，建立成就档案，为他们未来的职业发展做准备。

第一章

领导力与成为"好老板",工作满意度的终极体现

是的,你没看错:不管你的员工将来是留任还是另寻他处,你都应该做到这一点。

无私式领导(也称为服务型领导)需要将团队成员的需求置于自身之上,并期望他们能够投桃报李。然而,毫无疑问,要想提升员工忠诚度,让员工热爱公司,你不仅需要吸引员工的注意,还应该走入他们的内心。真正的动机并不一定基于逻辑或认知,而往往是灵光一现和感情用事。如果你愿意走入员工的内心和思想,那么在你的整个职业生涯中,你一定要有自己的方式让员工学会尊重和忠诚。

无论你是内向还是外向,是司机、分析师还是老好人,只要你遵循以下步骤,你将激发出员工更多的斗志和奉献精神:

- 亲自了解你团队中每一位成员。
- 让员工做有意义的工作。
- 无论做什么,展示出尊重和信任。

当然,关键的问题是,你如何才能在任何指定

时间与你的团队成员完成这一任务？那么，你如何才能让员工感觉受到了重视？如何让员工从工作中获得理想的精神收益？如何让员工感觉自己正发挥积极作用或者感觉自己的意见分量十足？首先，在激发团队斗志时，如果你将特定的原则和指导方针贯穿其中，那么这个问题就会比你想象中简单许多。此外，如果你对领导力这个概念还比较陌生，并且正试图在这个新领域立定脚跟、找寻平衡，这将是一个非常严峻的挑战。

严格来说，公司的领导者没有义务激发团队斗志。动机源自内心，员工必须自我激励。但作为新晋经理人和领导者，你有责任创造一个员工自我激励的工作环境。作为领导者，你需要提供理想的工作条件，你还需要深入团队成员的内心世界并让员工明晰工作目标和方向，但是这两者存在着天壤之别。

现在，有了这本书，你只需向员工提出一些问题便可解决这些问题。本书大部分内容介绍了不同情况下你应该询问的具体问题。但你也不要忽略开放式问题的作用，你可以简单地问："你最适合什么

第一章
领导力与成为"好老板",工作满意度的终极体现

工作?如果你想有所作为、功成名就,那么我该如何为你创造出最佳的工作环境?"简单的问题也能获得卓著成效。这可以让员工感觉到公司的透明度和信任,对于建立新型领导关系或者维持现状具有重要作用。

此外,某位员工所看重的可能对另一名员工来说意义不大。因此,人类共有的好奇心将促使你更加深入地了解每一位下属。这里的"深入"并不是让你与下属交朋友,或者将其视为同事:你和下属之间应该始终保持一定距离。我是说,你应该诚心诚意地对待下属,了解他们当下真正需要的东西,多想想如何帮助他们通过自身努力实现目标,促进职业发展。当团队成员需要你的帮助时,你将在好奇心的驱使下找到问题的真正所在:你只需为员工敞开大门,让他们随时能与你直接沟通,员工一定会主动向你寻求指导和建议。卓越的领导者非常善于通权达变;领导力本身也极具灵活性。开始指导和培训员工并向有需要的员工提供资源吧!久而久之,你将信心倍增,赢得更多信任。

信任是黄金法则

开诚布公地沟通、增强工作透明度是激发员工工作积极性的首要法则。其次，公司应该向员工表达肯定与赞赏，并将此视作公司的战略之一。这听起来似乎是常识，但很少有人将其付诸实践。

多数领导者并未创造出一种员工能充分参与、自我激励、舒适愉快的工作环境，原因又是什么呢？多数经理人从未认可或奖励过员工，而且他们常常用以下理由为自己辩解：

我没有时间。

我不知道该做什么或该说什么。

这对我来说无足轻重——员工可以自行解决。

我担心员工会因此冲昏头脑——他们可能会想要升职或加薪。

公司不支持也不注重这一点——我老板就很少认可我。

第一章

领导力与成为"好老板",工作满意度的终极体现

上述理由在某些情况下似乎有一定的道理,但这种处理方式过于简单,掩盖了真相,忽视了团队成员的需求。每个员工都想知道自己什么时候做得不错。不管老板是当众夸奖,还是仅仅拍拍后背,都会激励员工继续鼓足干劲,努力工作。这并非难事。不要借口说没有人这样认可你。现在这是你自己的公司!不要管别人怎么样,你需要在你的公司内践行这一做法。

下面简单列出几个有利于建立并强化信任的活动:

- 更深入地了解团队成员,对员工进行目标设置训练,广开门路,鼓励员工向你寻求帮助。
- 持续关注员工的职业成长和发展。
- 多尝试走动式管理(MBWA)。
- 为员工创造展现自我的新机遇,为员工的成功庆贺。
- 让员工拥有归属感,多多包容和倾听。

- 设立"荣誉榜"或"名人墙"来公开表扬出色的员工。
- 尝试创新激励措施,例如:践行绿色办公理念、寻找回馈社区的新方式、制订健康和福利计划。
- 尽可能地记住公司成员的姓名。
- 为他人树立榜样,鼓励员工效仿。

优秀的领导者还实行财务资讯共享管理(OBM),分享有关公司财务的详细信息,鼓励让每个人都参与进来,为企业提供切实可行的解决方案。了解公司信息的员工不仅会更好地履行其职责,而且能够更深入地了解公司的整体运作方式,这就是财务资讯共享管理的基本宗旨。该模式意在让员工成为公司的合作伙伴,促使员工为"分外之事"提供解决方案。在产品制造、服务交付、客户体验等方面,只有那些真正置身其中的员工才能更好地发现潜在问题。

此外,当员工能够掌握公司信息并且参与解

第一章
领导力与成为"好老板",工作满意度的终极体现

决问题时,他们对公司和经理人的信任会进一步增强。培养员工的最佳方式就是教他们如何应对公司的挑战;提升员工敬业度和专注度的至善良策就是鼓励员工解决问题、提出替代方案。此外,经理人要了解公司成功的财务动因,帮助员工认识并理解财务报表,将员工的作用与公司最终盈亏结合起来。

为此,首先,你必须营造出互相信任的工作环境,鼓励员工自愿提出新思路。其次,公司必须拥有一个充满尊重和包容的工作环境,无论薪酬或职务高低,每个人都需得到应有的重视。最后,公司必须形成公平公正、通俗易懂的评判标准,以便所有员工都能为此而努力。你为员工提供的信息越多,你就越能教给员工更多东西,例如,你可以与员工共享财务报表、员工意见调查反馈、客户满意度调查(C-SAT)结果、关键绩效指标(KPI)、记分卡。你教得越多,你就越能激发员工参与解决问题的动力。

最开始时,你可以给员工布置一项简单的任

务。你可以预先设立评判标准，讨论其影响因素，并鼓励员工当众分享自己的想法。在这种工作环境中，你不应评判员工答案的对错，你要做的就是给出改进建议，如：公司招聘专员应努力减少招聘成本；索赔理算员应尽力缩短理赔周期；公司应尽力降低员工失业和因公伤残的概率。上述做法不仅能够提高效率、降低成本，而且还能增加公司收入、引入新的营销理念。员工是公司新产品的第一批用户吗？是否所有团队成员都订阅了贵公司的社交媒体账号？你的团队成员是否善于进行尽职调查？能否从公司竞争对手处发掘出值得参考的做法？有没有什么机会重塑贵公司各种大小业务的运行方式？

你只有问了才知道。而且只有当员工毫无顾忌并主动表达自己的想法时，你才会得到真正的答案。员工留任不仅仅与工作满意度有关，还与员工敬业精神有着密不可分的联系。让员工参与解决问题；给予员工足够的信任，让其参与更高级别的活动或决策；创造一个学习型环境，让最了解客户体验的员工发声，表达想法；如此一来，你将获得最为卓著的成效。以上种种做法一定会帮助团队或公司在竞争中脱颖而出。

培养员工健康的好奇心。内在动机意味着内心自发的兴趣,作为有效的领导者,你应激发员工的这种好奇感,帮助他人探索出解决方案,培养协作思维。与生活中的许多事情一样,你应该多想想如何把事务安排妥当,如何向员工传达你的期望。你可以从小处着手,逐步追踪进度。现在唯一的问题就是你什么时候开始行动?你想与员工分享什么内容?

新团队建设

笑口常开的好处

有些读者可能会觉得工作时说笑实在是很难为情。毕竟,有些人讲的笑话并不好笑,还有些人随口说了些冒犯无礼的话,让别人心里别扭。所以我们首先要避免这一问题:显然,不是所有的玩笑都可以开。当你代表公司时,低俗幽默以及任何有关政治的、性别歧视的、恶意的、宗教的、同性恋的、排外的幽默都是大忌。毕竟我是人力资源工作者。

虽然如此,但你也要知道,适度的职场幽默蕴含着巨大的价值。人们常说"笑是良药"自然有一定的道理。幽默、轻松、健康的文化环境会带来许多超乎寻常的好处:

- 营造出一种轻松开明的氛围,可以化解紧张情绪,进而降低工作压力,改善身心健康。
- 让你的团队更有凝聚力,融为一体,互帮互助,尤其是在艰难时期。

第一章

领导力与成为"好老板",工作满意度的终极体现

- 欢笑能让人分泌"快乐激素",提高注意力和创造力,让团队成员更乐于改变,适应新挑战。
- 在轻松幽默的环境中工作的员工很少担心犯错误,并且愿意承担风险,从而追求更多创新——这是在工作中寻找更具创造性和创新性解决方案的基础。
- 提高员工对管理层的信任,以及员工的归属感和满足感。

领导者和其他员工时不时幽默地自嘲一下可以使自己更平易近人。实际上,当领导者和员工适度谦逊、时常开玩笑时,员工往往会对这些人展现出更多的职业尊重——这对于害怕露怯的领导者来说是一个颠覆认知的新概念。请记住:拥抱真实的自己;人无完人,没必要追求完美。

此外,研究表明,与同事交流时,幽默的语言会让人感到更快乐,可以提高工作满意度。然而,出于某种原因,有些经理人认为"开玩笑"会对生产力和绩效产生消极影响。与此同时,笑声也成了

浪费时间的代名词。不过，有一点很清楚，绝大多数美国公司的工作环境过于严肃。这会让人感到难受和不适，最终会对职场的生产力、创造力和人际关系造成危害。许多公司投入了大量资金开办年会、组织公司聚会和团建活动，希望提高生产力和公司效益。但是，工作时笑口常开也能取得相同的效果，而且更为简单，成本更低。

我们已经了解到了职场幽默的众多优点，若想全面提高员工的工作生产力和幸福感，每个部门都应当发掘更多乐趣。但是，你如何才能将幽默感融入公司工作呢？同事之间多点欢笑，能创造出更加可靠舒适的工作环境，展现出更强的凝聚力。那么你该如何在你的公司中营造出这样的氛围呢？我在下面列出了许多可以增进职场幽默的方法供你参考，你可以根据你的性格和想法自行选择：

- 微笑：是的，就是这么简单。让你的团队多笑一笑。这是命令。
- 一起吃喝玩乐：组织大家共进午餐，每天出

第一章

领导力与成为"好老板",工作满意度的终极体现

去散步或者观看大家最喜欢的电视节目,推荐看看《老友记》(*Friends*),保证笑料十足。

- 一起聚会:每周或每月组织同事开开心心地玩一次,享受欢乐时光。
- 猜一猜:收集有关团队成员的琐事和趣闻;让大家进行配对测验,看看谁能猜对。
- 照片:将你团队成员的照片用图片处理软件做成超级英雄或名人的照片,每次幻灯片展示时都要使用这些照片替代原来的照片。
- 卡通元素:设立一个卡通展板,张贴一些好玩的卡通形象供所有人欣赏(比如海绵宝宝)。
- "炫娃":设立专栏,鼓励员工分享自己孩子的作品与囧事,比如:"看看我的孩子做了什么!"或"你能想象这是我的孩子能干出的事?"
- 学习一门新语言:如果你公司有跨国业务,请学习一些你客户的语言的单词和短语;并在会上给他们一个惊喜。
- 学习更多词语:每天或者每周挑选一个晦涩

难懂的词，让每个人用它造一个好玩的句子。

- 独辟蹊径：迸发灵感，用你自己独特的方式将幽默融入工作中，值得一试。

针对远程办公人员的特别提示

请注意，上述许多做法同样适用于远程办公人员。对于远程团队，你可以先讲一些活跃气氛的话，或者开展趣味投票，还可以借助视觉效果来为你的演示增添趣味，或者在常规会议中增添一些游戏元素，增加互动。远程工作团队的成员可能没有多少机会见面，但需要更深入地了解彼此，所以非常适合试一试上述的"猜一猜"游戏。

其实，"趣味"文化不应该仅限于特别活动时间，而应贯穿于远程工作的全过程。为保持团队参与度，你应抓住时机，在演示和会议时增添一些趣味性。如今，分布式办公日渐普及，虚拟团建活动已成为远程办公人员增进友谊和提高积极性的重要途径。远程办公已为大多数人所接受，可以说，远程团队管理大体就是职场管理未来发展的趋势。

第二章

良好的沟通就是最有效的管理

第二章

良好的沟通就是最有效的管理

掌握专注倾听的艺术

我们在职场中处理与他人的关系时,应学会专注倾听。有些经理人会抱怨团队成员听而不闻,参与度不高。有些员工则埋怨自己面临困局时,经理人很少能与自己产生共鸣,而且很少帮助自己。其实,如果你想从人力资源处了解一下员工大多是怎样看待经理人的倾听技巧时,你应该从公司的离职访谈中获取数据。离职的员工可以毫无顾忌地评判上级的倾听技巧和专注度,此时,员工评价的真实度较高。你可能会发现,员工给出的评价远远低于你的预期。

正如那句老话所说:"上帝给了我们两只耳朵一张嘴,是为了让我们多听少说。"换一种说法,"人有两只耳朵一张嘴,所以我们听的应该是说的两倍。"为什么在职场中,倾听对管理层和员工来说一直都是一个挑战?更准确地说,为什么说倾听是最重要的沟通技能?

有效倾听是一个常见的术语,指倾听者应积极地接收说话人所传达的信息,表现出专注力和兴趣,并向说话人提供反馈,让对方知道倾听者一直在听他说话。与有效倾听相比,专注倾听的影响更为深远,倾听者不仅要用耳朵去听,还要用心去听。这究竟是什么意思呢?要想成为一个真正投入的倾听者,你必须带着尊重、关心和同理心去听,这样你才能融入对话,真正理解对方的意思。

公司中最常见的三种倾听方式是:

- 信息性倾听(为了解和学习而倾听)。
- 批判性倾听(为评估和分析而倾听)。
- 同理心倾听(为了解感受和情绪而倾听)。

谈及工作中的倾听时,人们通常会想到前两种类型。当经理人认为团队成员萎靡不振,能力不强或表现不及预期时,他们常常会想到这两点。

然而,对于领导者来说,第三种倾听方式最为关键。同理心是倾听的核心和灵魂。倾听时能够

第二章
良好的沟通就是最有效的管理

察觉别人的感受和反应是情绪智力的关键所在。这是一项极为特殊的技能,你应该不断磨炼、多加练习,长此以往,你将会成为非凡的领导者和团队建设者,更好地促进员工的职业发展。

对管理人员来说,现在问题的关键就是如何实现这个目标。以下是社会科学家和沟通专家给出的一些比较有代表性的建议,能够切实地提高我们的倾听能力:

1. 用眼睛去听。直接的眼神交流代表着尊重和认可,至少在美国文化中是这样。适当地保持眼神交流,表达出你对说话人所说内容的浓厚兴趣。同样,你可以用肢体语言表明你在积极地倾听。如:身体前倾,目光不离开说话人,不交叉双臂(这通常被认为是防御性肢体语言)。

2. 用心去听。时不时地给予回应,以表明你在积极地倾听,你可以说"我明白你在说什么。""我明白。""你说的我都明白。""我明白你说的。"等类似的话语。同样,你可以改述对方所传达的信息,以表达你确实听到对方说了什么,例如:"我听到你说的是……"。这听起来像是小事一桩，但有趣的是，现实中的反例比比皆是，比如：领导坐在那里玩手机，主管低头盯着地板，经理人嫌恶失望地看着窗外。无论你是否赞同对方的观点，你都应该认真地倾听对方阐述自己的看法。

3. 从观察的角度出发倾听他人，不要随意对他人作出判断。你完全有权观察情况，同样你也有权拥有自己的观点。但观察不同于判断。判断常常会给另一个人的行为贴上负面标签，譬如，认为对方的动机不良、考虑欠妥。你以为错的行为可能对于当事人来说是对的：你需侧耳倾听，设身处地为他人着想，秉持客观的态度仔细观察。无论你想表达什么，你都应该秉持同情和关怀的态度，这样对方会更坦诚地接受你的意见，你同样也会更受尊重。

4. 回应别人之前，三思而后行。不要打断别人——这是许多新晋领导者常犯的大忌。每个人都有自己的观点，都拥有表达自身看法的权利。这绝不是说你要少追究他人责任：这只是说，在确定你满意的行动方案之前，你需要真诚地倾听他人的意

第二章
良好的沟通就是最有效的管理

见。此时,你也不要给出解决方案。专注倾听首先要关注的是对方的声音。对于别人来说,你的答案可能并不切合时宜,也不会对你的下属有任何教育意义。

要想体验同理心,你必须设身处地为他人着想,学会与对方感同身受。此时,你可能会感到非常别扭,但这是一件慷慨无私的事情。更重要的是,这样做能够实现最佳的沟通效果。当今世界,科技高度发展,生活节奏加快,人们压力倍增,沟通比以往更加重要,但我们真心倾听对方的时间却似乎越来越少。花时间真诚地倾听他人,就是一份珍贵的礼物。这有助于建立良好的人际关系、正确理解他人、解决问题、化解矛盾,还能帮助你更准确地找到问题所在。倾听他人时,付出你的时间和真心:一切自然都会水到渠成。

成功的沟通技巧：让你的言语深入人心的简单方法

要想更有效地与你的团队沟通，你必须从与他人交流的方式着手。下面列举了一些简单但非常有效的准则。

"请"和"谢谢"仍然奏效！

虽然听起来很老套，但请务必对你的团队说"请"和"谢谢"。你会经常听到准备离职的员工抱怨说：

大家都在这里卖力工作，但我们从未听到过一句感谢的话。但如果有人哪怕只是犯了一点小错误，就会立刻遭到老板谴责。

同样，贯彻"己所不欲，勿施于人"的理念。这不仅仅是大师之谈，而且是非常实用的建议，可

第二章
良好的沟通就是最有效的管理

以为职场带来更多人情味,进而创造一种尊重和开放的沟通文化。高管教练会问道:"你愿意为你自己工作吗?"如果你认识到自己对他人缺乏耐心,打断他人说话,或者偶尔发脾气,当众羞辱下属,那么你可能很难说愿意二字。

从个人层面多了解你的员工

马库斯·白金汉(Marcus Buckingham)和柯特·科夫曼(Curt Coffman)合著的畅销书《首先,打破一切常规:世界顶级管理者的成功秘诀》(*First, Break All the Rules: What the World's Greatest Managers Do Differently*)中提到了盖洛普公司(Gallup)的一系列调查发现,他们经过对8万名管理人员和超过100万名员工进行研究,得出了一个非常明确的结论:人们因公司的名气而来,因管理者而去。换句话说,人们往往因为对公司的声誉、成就、使命等因素的认可选择入职,但数年后因经常与直属上司闹矛盾而离职。

盖洛普公司发现,留住员工有多种关键因素,例如：公司品牌、福利、学习和发展机会，而其中最重要的是员工与直属上司的关系，这也是员工与公司的黏合剂。作为领导，你应该适当地关心员工个人，这样团队成员就会知道你还关心着他们的个人利益和工作之外的生活。

那么你如何才能做到这一点呢？多与你的直接下属一对一会面，偶尔也要与间接下属单独面谈，了解他们的感受。你可以问一问：

你最近怎么样？你认为我们部门和团队的整体情况如何？

我们应该如何做出改变来开辟另外一片天地？如果你灵光一现发现我们有待提高的一件事，那会是什么？

满分是10分的话，你会给自己近期的参与度和积极性打多少分？你想给团队的其他成员打多少分？

满分是10分的话，你如何评价我们整个团队的工作情况？为什么你觉得我们是8分？如何才能让我们从"9分"变为"10分"？

第二章

良好的沟通就是最有效的管理

谈一谈我的沟通方式吧。请实话实说,我真的很想知道真实情况。你是否能获取足够的信息资源来做好自己的工作?你是否能让你和你的客户抓住未来的发展趋势?你是否觉得自己有发言权?你在工作中是否有所作为?

作为一个团队,你认为我们应如何调整彼此沟通的方式?你是否获得了足够的尊重?你认为我们是否擅长团队合作?你认为团队成员是否在相互支持?公司的内部支持力度是否足够?所有团队成员是不是每天都能在心平气和的环境中尽心尽力地完成工作?

诸如此类的问题不可胜数,你可以自行修改上述问题,以传达你的个人价值观,或应对团队彼时所面临的挑战。最重要的是你一定要问。要想成为关心他人的领导者,你需要抽出时间问问员工在职场和职业生涯中最看重的是什么。你不必精细入微地了解员工个人生活的所有细节,但若适当地了解一些还是比较正常合理的。你应该积极倾听,征求员工的意见，并且你要知道，最佳建议往往来自最熟悉客户需求的一线员工。

传达坏消息时，不要发火暴怒

如果你表现出对员工的愤怒，那么他们会本能地触发自我防卫机制，使整个对话一开始就注定以失败告终。正因如此，大声吼叫永远只是徒劳：员工充其量会出于恐惧或屈从而听从指挥，但极少能投入100%的努力和奉献精神。相反，人们会带着怨气或憎恨工作，只会付出最少的精力去完成任务。你所追求的是要让员工付出110%的努力，即员工为了公司、同事或老板竭尽心力，做出更多贡献。正是这种细微之处的差别使得有些团队成为表现出色的高绩效团队，而有些团队则连最基本任务都难以完成。

同样，不要说"为什么"，比如：

你为什么这么做？

第二章

良好的沟通就是最有效的管理

这种提问方式常常会使对方为自己辩解,以转移批评和逃避指责。相反,你可以这样打开话匣:

- 你能否跟我说说事情的原委?当时你是出于何种考虑?
- 跟我说说当你做出这样的决定时,你的想法是什么?
- 当你决定选择那种工作方式时,你是怎么想的?

你可以改变问题的呈现方式,促使员工提供更多信息。此时,员工的回答通常会更加坦率和客观,且有助于表达他们的真实想法(无论最终结果正确与否)。客观的、不带偏见的语气有助于保持对话以有益的和富有建设性的方式进行。

不要说"是的……但是",多说"是的……而且"

"是的……但是"之类的回答常常从一开始就关闭了对话的大门。例如,不要这样说:

是的，我知道这个，但你应该知道……

你可以试试这样表达：

是的，我知道这一点，而且，我还想知道当时你还有哪些其他选择……

所以，你在交谈时不要说"是的……但是"，否则对方可能认为你在跟他唱反调，只看重消极的一面，从而打击对方的主动性和自发性。当然，你也需要去发现别人的弱点——作为新任经理人和新任领导者，这是你工作的关键环节之一。帮助员工发现自己的弱点，协助他们意识到自身推理能力的不足，并不会打击员工的积极性，反而有助于你培养人才。

说话时多些愧疚，少些愤怒

这里所说的并不是传统意义上的愧疚，不是因贬损他人或羞辱他人（以让对方做某事）而产生的

第二章
良好的沟通就是最有效的管理

愧疚。相反，愧疚可视为一种自然的人类情感，可以鼓励人们向内寻找解决方案，变得更加无私。此时，人们的内心会放下防备，并勇于承担问题的部分责任。

当你要表达对员工表现或行为的不满时，你要少些怒气，多些愧疚（或"理解"），这样通常会产生更有益的结果。一方面，愤怒是一种外在的情绪：人们愤怒时会将自己的怒气向外发散指向其他人或事物，并摆出防备的姿态，下意识地为自己辩解，证明错不在己。另一方面，愧疚作为一种人类情感，能使人内省，勇于承担自己应负的责任，并从团队合作的角度解决问题。

例如：如果你认为有下属在员工会议期间举止欠妥或者有些冒犯无礼，你可能会在会议期间当着团队其他成员的面对他说：

你竟然在团队其他成员面前这样跟我说话。你是给我干活的，你也不看看你自己的位置在哪里！

宣泄之时，你可能会感觉舒畅一些，但显然，这对你了解事情的前因后果毫无帮助。

相反，如果你私下心平气和地处理这件事，你会得到理想的回应，例如，你可以说：

阿什莉（Ashley），我不太清楚那次会议上发生了什么。我们一直相互尊重，在我看来，当时你需要发泄心中压抑的怒火，但你在团队其他人面前这样做真的让我很尴尬。

我很尊重你，没有当众批评你，但我没想到你会这样对我，尤其还是当着所有人的面。你能理解我为什么会对你的行为感到失望吗？我真的感到很受伤。

你应该严肃认真、平心静气地对员工说这些话，你只需平铺直叙——不要激化矛盾，不要威胁，也不要摆架子，这样，你所说的话远比发火呵斥有用。通常，员工会这样回应：

第二章

良好的沟通就是最有效的管理

对不起,保罗(Paul),我并不是有意让你在大家面前难堪的。我为我的所作所为道歉,我保证永远不会再发生这样的事。

仅此足够。

注重"认知",让你的员工对自己的"认知管理"负责

最后,在传达坏消息时,你应重视"认知"或"认知管理"。感觉没有对错之分,认知也是如此:你完全有权拥有自己的认知,分享你对事物的看法无正误之别。

例如,如果你对员工说他们态度消极,可能会产生一系列戏剧性后果。当被认为态度有问题时,人们可能会变得非常怪异,所以我们需要另辟蹊径来应对这一问题:

米歇尔(Michele),我想现在跟你谈谈我最近一直在思考的问题。我猜你不止一次听人说过,与

你共事有时充满了挑战。那么，作为你的主管，我想和你谈谈我是如何看待这件事的。

从认知的角度来看，你多数时间都给人一副生气的样子。我不知道你为何而生气，或者当我和你一同工作时，我做了什么点燃了导火索，但你给我的回应往往咄咄逼人，颇具火药味。说实话，我不知道你会如何回应我，所以有时会回避你。

同样，你的情绪也时常会有波动，我从其他人那里听说"你永远不知道米歇尔要怎么回答你，你搞不懂她现在是什么状态"。这一点我也有多次深切的体会。

我现在向你承诺，与你相处时，我绝不会再小心翼翼了，我也愿意与你合作。不仅我不应该这样做，其他人也不应该这样做。不管你目前遇到什么问题，也不管你头脑中想出了何种理由辩解，从现在开始，我不会接受非理性或情绪化的行为。你的认知现在存在严重问题，从现在开始，你要对自己的认知管理负全责。如果你无法正确调整与其他人的相处方式，或者以任何方式刁难与你共事的人，

第二章
良好的沟通就是最有效的管理

那么我将以书面形式,颁布正式的渐进式纪律惩处措施予以回应。根据投诉和投诉人的实际情况,我将在最终书面警告阶段开始实施纠正措施。

如果你觉得无法改变自我,无法与我和同事和睦相处,那么你可能需要重新考虑是否要留在本公司了。你已经在这里工作了18年之久,我很尊重你,你加入公司后一直都很出色,但在近三个月里,我一直感觉到你在排斥我。当我向你寻求帮助或问你一个简单的问题时,你好像觉得我是在打断你或打扰你。我感觉你并未给予我支持,让我毫无头绪,而且,你可能还对我的成就嗤之以鼻。

如果你愿意翻开新的一页,重塑你与我和其他人的关系,那么我将全力以赴,尽我所能支持你。如果你有意参与公司的员工扶助计划(EAP)或者参加解决职场冲突的额外培训,我将竭诚为你提供机会。这不仅是为了我和公司,更是为了你自己。但如果你不愿做出这样的承诺,必要时我可能需要联系人力资源部门采取纠正措施,甚至最后不得不解聘你。作为一名老员工,你应该得到更好的待遇，而我作为你的主管同样如此。你觉得呢？你有没有什么想法？

是的，这是一个艰难的谈话，但这能够清楚地表达你的观感和期望，是一个不错的开始。现在，员工在自我衡量时要多看看别人眼中的自己，保持开放的心态，以改善与领导、同事和客户的关系。

第二章

良好的沟通就是最有效的管理

成功的员工会议的三个步骤

改善与员工的沟通，你应该从组织卓有成效的小组对话做起，例如，你可以坚持定期组织高质量的对话讨论，鼓励大家表达新思路和方法。无论你与团队中某些成员的关系有多紧密，也不管你们一起工作了多长时间，在每周的员工会议上，群体动力都会发挥应有的作用。召开员工会议的意义非同小可，你可以借此机会与团队沟通，赞赏员工在工作中的出色表现，让个人贡献者轮流参与管理。想要开好员工会议需要遵循三个基本步骤。

第一步，请你所有的下属都说说他们最近工作情况如何。如果会上员工们分享了自己的新成就、述说了自己遇到的困难、提出了改善工作的方法，那么这将是一次收获颇丰的小组会议。每位员工不仅需要谈论自己，而且还需要关注身边的同事正在做什么。员工很多时候都在各自为战，会很自然地认为自己居功至伟，干了所有的工作。而员工如果知道其他人正在干什么，往往就更能理解同事的付出与贡献，也不会把功劳据为己有。

第二步，让大家思考一下，针对上周的工作，我们整个团队应如何应权通变以提高公司效益。而这恰恰就是工作的意义所在。公司聘用你就是为了增加收入、减少开支、节省时间。如果事与愿违，影响了公司营收，你可以借此机会进行讨论、研究和复盘。你应向与会员工提问：

哪些地方我们可以做得更好？

这个问题能够反映出当时团队存在的问题，有助于内省，并从过去的错误中汲取教训。

第三步，决策过程中引入建设性批评。具体来说，你应该问：

作为一个团队，我们需要做些什么改变？

在优化组织结构、提供支持帮助、调整发展方向等方面，我能做些什么？

第二章

良好的沟通就是最有效的管理

你认为我们本周最大的挑战是什么？

最有价值的建议往往来自一线员工。人力资源部门在员工意见调查或离职面谈中发现，许多员工认为自己的想法未受重视，经理人和高层领导也并未倾听自己的意见，充满了挫败感。这些员工不过是当一天和尚撞一天钟，敷衍了事，得过且过，觉得自己可有可无。你邀请员工回答这些简单问题时，他们会感觉自己有发表意见的权利，自己也为公司做出了积极贡献。

那么，每周举办员工会议有什么作用呢？不久，你就会发现以下好处：

- 第一，当你鼓励沟通、表达认可、增进信任时，团队的凝聚力会大大增强。
- 第二，鼓励员工多与上级和同事"面对面"沟通能够增进彼此之间的友谊。
- 第三，此类会议不仅能让员工了解到工作分配和项目更新等微观层面的东西，还能让其从更加宏观的角度认识到这些工作对公司的影响。
- 总而言之，你只要下功夫，这样的小组会议便会成为一周中最能提高工作效率、促进团队合作的时刻。

事实上，运转出现问题的团队最显著的特征之一就是没有定期员工会议制度。"我们经常互相提供非正式反馈"往往是一种逃避的借口，除非团队成员已经共事已久并且工作相互独立。相反，你要注意这样的声音：

我们都知道每个人正在做什么工作，没有必要开什么会。

员工如果未定期参与团队的集体交流，那么员工之间很可能各自为政，存在小圈子，使得工作环境更为封闭和分裂。

如果你的团队中存在上述情况，那么无论每个

第二章

良好的沟通就是最有效的管理

人的日程安排有多忙,或者下班后的时间有多紧张,你都需要在每周的上班时间召开员工会议。你可以按照以下方式指导你的团队,并且明确团队职责,集中精力处理关键问题。例如,你可以这样说:

大家好,这次开会我想说一件事,我准备以后每周都召开正式的团队会议。我认为这种群体互动活动意义重大,因为我希望所有人都能够与同事分享自己当前的工作重点以及面临的挑战和障碍,并说说别人可以为你提供哪些额外的支持或资源。我觉得,我们也可以借此机会分享并庆贺成功。目前来看,这一点我们做得还不够。下面我说说我的建议:

首先,请大家准备好介绍三个自己目前最重要的项目或任务,大家可以从工作进度、可交付成果和时间表等方面开展。如果你觉得自己在截止日期前会遇到困难,我们开会时可以帮你一起克服,这样,我们每个人都能为此出谋划策。

其次,我希望大家谈谈本周自己手头最重要

的计划或项目——比如，对于戴维（David）来说，就是指标开发；而对于朱亚妮塔（Juanita）来说，可能是根据员工意见调查与员工沟通；埃博妮（Ebony），你与最近两位新员工之间建立了指导关系，我想请你分享一下你对此的见解，以及这对他们成功地融入团队有何帮助。

最后，我将请大家讨论一下我们团队应如何临机应变、顺时而动；我该如何帮你克服障碍、提供便利以实现工作目标，如何才能进一步支持你。

每周的员工会议，我会让大家轮流主持。第一个月的会议全由我来主持，之后，我会邀请每个人自愿主持员工会议，并负责所有后续项目。那就这么定了，让我们全心投入，希望取得良好的效果。我认为这有助于提高团队生产力，更重要的是，我觉得这样的会议一定会逸趣横生。我期待着大家大展身手、立功自效，所以让我们本周四8：30开始第一次会议。

不管你的员工给你带来了多少阻力，员工会议

第二章
良好的沟通就是最有效的管理

每周都要按时召开。你的下属可能并不知道员工会议有诸多好处,所以积极性不高。但对你来说,员工会议能够将沟通渠道正式化,让你有机会重设期望、实时听取反馈。我想你一定会抓住这个机会,充分发挥上述优势。

促进信息共享：建立季度业绩日历

你可以借助电子表格或幻灯片和部门共享设备，让你的团队保持信息对称。电子表格应涵盖重点项目、发展动态、近期活动、完工备注等内容，团队中的每个人都应有权平等地访问这个表格。借助此类工具，我们能够做到百无一漏，人们手中的工作公开透明，我们可将成就整理成册，便于浏览，也可以一同庆祝每个人的业绩。

首先，这一文档能促进你的团队更好地协同工作，避免有人认为自己是"冤大头"。比如，个别员工有时会说："我是唯一一个所有工作都要做的人，恐怕，我也是工作负担最重的人。"其次，这份文档与季度目标分配紧密相关，可使你的团队始终专注于最终目标，这有助于员工确定工作的优先级，并有效地分配资源。你还应要求所有员工都注重量化自己对公司在增加收入、降低成本或是节省时间等方面做出的贡献。量化时，可以通过金钱或

第二章
良好的沟通就是最有效的管理

百分比等形式计算。

好了！现在你可以透彻地了解并掌控团队动态了，你可以知道谁在做什么事、团队有多少悬而未决或已经终止的项目，以及如何用金钱或百分比量化员工的贡献。这些材料能为员工的简历增添色彩，此外，经理人每三个月评估员工绩效时，员工还能借此丰富自我评价表。你还可以邀请你的上级领导访问该文档，使其了解你团队的工作重点、季度成果或者年初至今的业绩。

知情详悉的领导力、公开透明的沟通和高效的时间管理都是你的制胜法宝！最重要的是，这能帮助你运筹帷幄，合理利用时间，充分了解团队的点滴动向，进一步促进团队发展。这种做法易于施行，践行了绩效驱动理念，对所有一线领导、部门或部门主管来说都大有裨益。对于团队中的个人而言，这可能意味着游戏规则发生了改变，因为人们为获得核心成就通常会进行内部竞争，这可能会给那些"表现最差"的员工带来压力。

记分卡和仪表板的开发趣味十足，极具创意

性，每个人都可以参与到这项创造性作业中，贡献自己的力量。要想让每个人都能全身心地投入并做好工作，请确保每季度至少对你的团队进行一次评分，并公开结果。

季度业绩日历的结构

下面是一个简单的参考模板（员工应每周更新）：

人员名单	
项目名称	
优先级（A、B、C）	
开始日期	
关键利害关系人	
当前状态/需改进之处	
项目完成日期	
实际完成日期	
备注	

第二章

良好的沟通就是最有效的管理

跨级会议助力管理者与非直接下属对话

许多公司有时都会存在这样一个问题：某个部门长期业绩不佳、稳定性差。"跨级"会议可以让高层领导绕过中层管理人员，直接与非管理团队成员交谈。然而，很少有高层领导会花时间开展这种会议。

比如说，如果公司副总裁有意与某团队的主管和成员交谈，则副总裁可以与经理人和主管进行一对一会议，并与团队的其他成员（分析师、协调员、行政助理等）举行小组会议。此类会议最好是完全公开透明，当然，员工向老板的老板反馈意见时可能会有点别扭。但是跨级会议卓有成效，应该一直坚持下去，以确保团队能直接与高级管理层开诚布公地沟通。你要时刻准备好，你的老板或老板的老板随时都有可能想直接与你的团队交谈。

许多高绩效组织都会定期举行跨级会议，这也是一种极佳的管理方法。在另一种情况下，公司只在运营出现问题时召开跨级会议：例如，工作情况和管理方法状况百出并对团队绩效产生负面影响时，或者离职率较高时。请记住，你的直属上司或部门主管希望在你不在场的情况下与你的团队交谈是正常合理的，也是非常有益的。通常情况下，这只是高层领导了解中层管理人员如何处理事情的一种正式方式。但同样地，当公司面临某些挑战时，跨级会议往往会举办得更加频繁。你认为跨级会议将发挥怎样的作用？你如何让你的团队为跨级会议做好准备？

首先，鼓励你的经理人和你经理人的上级直接与你的团队进行跨级会议，这是最能体现出信心和工作透明度的做法。跨级会议对团队来说是一个可以更深入地了解老板的绝佳机会，对你自己的职业成长和发展来说也是一个很好的学习机会。这样做，你还可以更好地把控过程。例如，你可以与你的直属上司交谈，了解此类会议中通常会讨论的内容。这样，你可以针对老板关心的重点问题，制订你与团队的沟通计划。

良好的沟通就是最有效的管理

其次，了解高级管理层如何组织跨级会议对于提高你的领导力非常有帮助。即使是高级管理人员也必须进行学习和培训，所以下面我们就来看看高管们是如何召开跨级会议的。

反馈具体细节

召开跨级会议时，高管收到反馈后常常会给出尽可能多的细节，尤其是有问题的反馈。例如，他们的开场白可能会是：

你们应该都知道，我之所以召开跨级会议，就是想让职员直接向我汇报意见。我召开跨级会议的目的是衡量我们团队的整体态度以及员工的满意度和参与度。因此，我想问问大家：

你对高层管理团队的沟通能力有何评价？如何看待我们倾听和解决员工问题的能力？

在沟通、团队建设、尊重和包容性方面，你如何评价部门领导？

满分是10分的话，你认为你们团队的运作情况如何？你为什么打8分？你认为怎样才能做到10分？

你觉得你是否每天都能全力以赴地工作？换句话说，你觉得领导层是否在支持着你？你会建议我们做些什么改变？

如果你可以改变公司运作方式的某一方面，你首先想到的是什么？

我相信你已经搞明白了。有些个人贡献者会认为部门工作非常繁忙，关心员工的高层领导会借此机会直接与他们交谈。而为了保证对话公正和客观，高层领导通常会要求团队负责人回避。

那么，如果你的老板想要召开跨级会议的话，你该如何做准备呢？首先，和你的老板谈谈团队成功的关键驱动因素。你老板最看重的是什么？若你愿意的话，如何将其奉为你的"座右铭"？问一问什么是对的，什么是错的，并询问相应的详细示例。有没有需要"避雷"的地方？公司中是否有其他领导在这方面做得比较出色？你可以效仿他们，

第二章
良好的沟通就是最有效的管理

或者与其交流经验。

其次,在每周的员工会议和每季度的一对一汇报中,你需要与团队分享这些价值观。如果总在最后一刻将此强加给团队成员,往往效果不佳:往好了说会让人觉得不真诚,往坏了说会让人觉得你在操纵别人。你可以时不时地与大家分享公司价值观、交流经验。如果有人一开始就说,"这家公司的薪酬一直偏低,而且总是安于现状,不管不顾,毫无作为",那么你可以抓住这次机会澄清事实,以践行管理智慧,锻炼领导能力。具体来说,你应该跟团队成员说:"总是"和"从不"常常显得夸大其词,往往与事实不符,因此说话时建议避免使用这两个词。这样一来,员工的抱怨可能会更加贴近实际,而后,你可以主动向你的直属上司汇报,以便准备适当的应对措施。

对于员工所关心的问题,请不要不管不顾,避而不谈。如果你想问,那么你必须得为他们做点什么。你可以先将问题汇报给你的老板,以获得初步解决方案。理想情况下,跨级会议可以找出影响绩效的潜在问题，我们也应该以积极的态度面对这些难题。

另外，如果你的团队总是出问题，你的老板准备介入，你可以试着抢先一步，主动争取老板的支持，让他从一开始就站在你这边。跨级会议的目的是为了提供帮助，而不是抓任何人的"小辫子"。跨级会议在许多公司中都已成为常态，因此，不要天真地认为事不关己。你从一开始就应该将此作为战略沟通和团建计划的一部分，这有助于磨炼和提升你自身的"主动领导"技能，而且，当未来上级领导介入时，你也会更加自信从容地面对。

第二章

良好的沟通就是最有效的管理

冲突是沟通的必要部分

如果可以避免的话,没有人愿意在工作中与他人发生冲突。实际上,如果有人想这么做的话,那么他们一定还存在其他更严重的问题!为什么人与人的沟通存在着如此多的困难和挑战呢?我们必须关注人性才能找到答案。谈话时,人们往往会回避令人不舒服的问题,而且尽可能地采取一种"拭目以待,看看问题能否自行解决"的态度。有时,事情最终会在没有任何外部干预的情况下解决,但这通常不是规律,而是例外。

职场中,人们也会自然而然选择逃避,并且会以各种不合时宜的方式表现出来:

- 不愿在"小问题"变成"大麻烦"之前通过对话解决问题。
- 因担心打击员工积极性,而不愿采取正式的纠正措施。

- 为避免早就该受到批评的员工失望受挫,年度绩效评估的评分往往会虚高。

这些隐患屡见不鲜,如果我们对此置之不理,也不采取有效沟通的策略克服,那么这些隐患便会贯穿着我们职业生涯的始终,困扰着我们。现在,是时候磨炼解决问题的技能了——尤其是对新晋经理人而言。

提示一下:这没有你想象中那么难!请记住,重要的不是你说了什么,而是你怎么说。我们应该重点关注"怎么说",以便使传递具有挑战性的信息不再是一件难事,并促使人们乐于冲击更高的目标。

首先,我们必须先花几分钟了解我们生来是如何沟通的。有些人的个性或者行为可能很古怪,所以成年人在沟通方面都存在一定的障碍。我们的"本"和"根"昭示着我们的发展方向,其重要性不言而喻,值得我们深入探究。更具体地说,作为领导者,我们时不时都会不同程度地面临着这类困境,我们必须要明白:成年人的某些行为实际上是

第二章

良好的沟通就是最有效的管理

儿童时期形成的,我们必须克服这些弊病才能成为优秀沟通者。

我们应如何看待职场中常见的沟通问题呢?最简单的方法就是将其与育儿相对比。为了便于讨论,我们假设父亲在家照顾孩子,母亲外出工作。假如,小尼娜(Nina)和小萨姆(Sam)不能和睦相处,让爸爸抓狂,那么爸爸该如何制止这种恼人的行为,如何提高行为期望,破解这种变化无常的局面,从而彻底解决问题?

让我们来看看三种育儿模式以及我们面临的选择。我们假设每一种情况开始时都相同:孩子们在吵闹,爸爸即将大发雷霆,无计可施。就你自己的成长经历而言,看看哪个类型听起来最熟悉。

类型1:爸爸喊道:"孩子们,你们快把我逼疯了!赶紧出去玩,等你们回来的时候,我可不想再听到任何争吵声!"

这是一种常见回应,核心逻辑是孩子注意力分散时,问题就会自行解决。即便该方法真的奏效,但通常也不会持续太久,因为,孩子们回家之后继续争吵,让爸爸很是沮丧。

类型 2:爸爸喊道:"孩子们,你们快把我逼疯了!如果你们还不停止的话,当妈妈回家时,你们俩就惨了。"

同样,这是一种相当常见的方法,爸爸完全减少了自己的作用,并将全部权力交给了妈妈,而妈妈却不在家,也不知道有问题。孩子们通常很快就会发现爸爸的威胁是虚假的,待妈妈回家时,爸爸会忘记这一切。因此,孩子们可以肆无忌惮地继续争吵,因为他们知道爸爸只是用妈妈来吓唬他们,并不会真的做什么。

类型 3:爸爸喊道:"孩子们,你们快把我逼疯了!马上过来,把你们身后的门关上。我们谈谈发生什么事了吧,因为我对你们俩都抱有更多期望。"

这是一个有趣的转变。孩子们坐下后,爸爸平静地开始说:"尼娜,我想让你说点关于你哥哥的

第二章

良好的沟通就是最有效的管理

好话。"尼娜转动眼珠,不情愿地说:"萨姆,你的眼睛很漂亮。"然后爸爸转向萨姆说:"萨姆,说点关于你妹妹尼娜的好话。"萨姆哼哼鼻子,然后说:"我真的很喜欢你今天早上给我画的那幅画。"

好了,现在我们取得了一些进展:我们将"干预"的基调定为积极的和建设性的。现在孩子们已经稍微安静下来,对现在的情况有了一些看法(尽管很不情愿),你现在可以问问他们,为什么对方会烦扰自己。待孩子们解释完后,爸爸可以心平气和地重新设定自己的期望,并安抚孩子说,在这个家庭中,父母对孩子们的行为有一定程度的期望,而爸爸的工作只是确保他们不要忘记。而后孩子们就可以互相拥抱,微笑,然后继续做其他事情。

注意类型 3 中的范式转移:并没有回避(类型 1)和转移(类型 2)。类型 3 中的爸爸表现出的智慧就是他能完全掌握情势,他向孩子们传达了自己对他们的期望,并帮助他们解决令人不快的问题。

但是,爸爸和孩子们的这种情况与你在职场中面临的情况有一个关键的区别：兄弟姐妹可以在争吵中冷静地坐下来，友好地解决争端。但成年人则不然——他们走进你的办公室时，可能并不冷静，也不想坐下来当场解决问题。兄弟姐妹之所以能这样做，是因为他们一起长大，自然而然会了解和信任对方。但成年人并非如此，职场中的成年人之间没有足够的信任来一次性弄清楚问题是"什么"，以及"如何"解决问题。

相反，如果同事之间出现矛盾，通常需要两次目的不同的会面（最好在两次会面之间休息一晚），先确定是"什么"问题（陈述事实、指出对方的问题），待睡个好觉之后，再研究"如何"解决问题（寻找解决方案，要求员工承诺以后避免再次出现此类行为）。所以，如果你毫无准备地让冲突双方到你办公室来解决问题，并命令他们"住口"，那么你会感受到双方剑拔弩张、一触即发的紧张氛围。成年人常常因为害怕受到攻击（担心对方指出自己的问题），而不愿公开倾听。相反，一旦对方说了什么"不合心意的话"，他们可能就会斥责对

第二章
良好的沟通就是最有效的管理

方,冲对方翻白眼,或者怒目而视,冷笑嘲讽。记住,最好的防守就是先发制人的进攻!

因此,不要指望矛盾各方会面一次就能弄清楚"问题是什么"以及"如何解决问题":他们只是太精于世故了,在社会化发展的当前阶段,他们没有足够的信任,因此会认为别人意图不纯,使自己易受影响。但作为他们的经理人,这种处理方式相对稳妥,可以公开地解决他们的问题,就算你可能会为此承担部分责任。就像生活中的大多数事情一样,一切都在安排之中。

对抗性冲突解决步骤:当两名员工不断发生冲突时

第 1 步

与员工 A 会面,听听他的说法。要让他知道你很乐于倾听,然后询问他与员工 B 有何矛盾,将他的所有陈述都记下来。而在会面一开始,你就得告诉他,他的一切所述都将在会面后被如实地转达给员工 B。安排员工 A 与员工 B 会面,让员工 A 认真听一听员工 B 的说辞，并详细记录，然后在会后将员工 B 所述内容转达给你（亦需提前告知）。这样，一天结束后，两位员工都会知道对方所担忧的问题（即问题是"什么"）。

第 2 步

安排第二天早上与员工 A 和员工 B 进行后续会面，讨论"如何"解决双方的问题。请记住，前一天两位员工都已做出了改变，与你分享了他们的担忧。而作为他们的经理人，你可以客观地解决争端。两人都知道了对方是如何描述这些事情的，以及对方为什么会恼火和沮丧。现在，大家都知道了问题是"什么"，经过一夜的深思熟虑后，第二天早上，你可以参照以下基本法则召开小组会议：

第 3 步

- 你们都已经跟我说了你们对对方的忧虑。
- 我仔细听了你们俩的意见，特别是关于你们对彼此的抱怨。我同样与你们分享了对方的

第二章
良好的沟通就是最有效的管理

担忧。

- 我们今天上午的会议就是要在"问题是什么"的基础上,探寻"如何解决问题"。我相信你已经吸取了教训,那么为了改变别人对你的看法,你将如何改变自己的行为?既然你们已经知道对方在顾虑什么,那么你们每个人都想做些什么改变?
- 请记住,本次会议大家应敞开心扉,禁止吵架。你们对此问题的看法都没有错,但那是昨天的事情,一切都已经过去了。今天,不要隐瞒任何事情,要和和气气地发言,多给些建设性意见。既然你们已经换位思考过了,现在请作出改变吧!从无私领导的角度来看,你愿意做些什么来改变对方的观点和做法?

会面时,大家都温润而泽,富有同理心,这种会面方式可以让双方停止为自己辩护,转而寻找解决问题的方案。当人们不需要防御时,就没有攻击的理由。有你从中斡旋，帮助他们解决分歧并且要求他们承诺不再争吵，你很可能会得到你所希望的积极结果。

你不要期望他们在工作之外能成为最好的朋友，但对于如何对待和尊重彼此，你可以重新设定对他们的期望。你甚至可以说，这是职业生涯中少见的一次机会，如果两人再次爆发冲突的话，你很可能对两者进行书面警告。这次有益的警告会让"长不大的孩子们"知道，你不会再回避这个问题，你不会等着其他人来解决问题，你会让他们对未来如何对待彼此完全负责。要想让员工为达到公司行为标准负起全部责任，最有效的方法就是简单、直接地与员工表达你对他们的期望。

高难度对话：你有道义责任去积极面对

有效的绩效管理有助于避免员工中途解约，提高公司各个层面的生产力。总而言之，任何绩效管理体系的目标都是授权、奖励、激励和调整你的团队。而最后一个词"调整"意味着你需要不时地对团队进行建设性的管理干预。因此，遇到绩效或行为问题时，许多人都害怕与员工进行高难度对话。但作为一线领导和经理人，这仍然是你工作中至关重要的一部分。

阻力最小的方法是回避，管理者通常会选择让问题自行解决，而不是出面解决问题。这种方式有一定的道理：如今，公司工作量巨大、时间有限，员工们感到不堪重负、精疲力竭，所以，一开始才选择回避对抗性问题。但是，当消极行为开始在职场中蔓延并影响团队的其他成员时，你就该参与其中，着手解决问题了。毕竟，经理人与员工的关系应该是一种伙伴关系，只有信任、尊重和透明，才能发展出真正的伙伴关系。最好的建议是：在你准备解决问题之前，你需要整合资源，邀请你的直属上司和人力资源部门参与进来，确保之后进展顺利。

谈话的重要原则

记住我们之前所学的：重要的不是你说了什么，而是你怎么说。现在，这条真理仍然适用：即使是最严厉的批评，只要符合人们的最大利益，人们也会做出积极的回应。"你为什么这么做？""你在想什么？"等类似的问法只会引发他人的防御反应，所以，你要问"发生了什么"，而不是"做了什么"。换句话说，你完全有权观察事实，有权拥有自己的客观看法，你的感受本身也是合理有据的。但是观察和判断是截然不同的两件事，所以尽可能不要问"做了什么"，尤其是要避免问"为什么"，因为这会让人们觉得他们必须要为自己的行为辩护，从而进入防御状态。

虽然俗话说：重要的不是你说了什么，而是

第二章
良好的沟通就是最有效的管理

你怎么说,但是你说什么同样也至关重要。善意的主管往往会因为疏忽而"踩雷",造成意想不到的后果。例如,"性骚扰"是一个法律结论。你可以对员工说:你"未能创造一个友好和包容的工作环境""你的行为可能违反了某个关于反骚扰和歧视政策"以及其他"比较模糊"的话。但不要对员工说他"性骚扰"了别人。无论如何,不要以书面形式将其写入渐进式纪律处分条例。几个月或几年后,公司收到法院传票时,法院便可从员工的人事档案中找到这些记录,而你这些对骚扰的"法律结论"非常有利于支持原告律师对你公司的指控。

最后,"认知即现实,除非另有证明"。正如本系列丛书的其他部分所提到的,所有员工都要对自己的"认知管理"负责。我们倾向于根据他人的行为来评判他人,而根据我们的意图来评判自己。一定要对你给别人留下的印象高度负责;否则,你很容易指责他人,并拒绝为自己的问题承担部分责任。

及时解决"小问题",防止变成"大麻烦"

管理者面临的最常见挑战之一是应对员工的态度问题。许多经理人经常抱怨:权利意识较强的员工时常翻白眼、叹气或有不友善的肢体语言,让人抓狂。尽管如此,员工很容易否认这种"无声"的行为,因此很难处理。

更重要的是,有些员工傲慢无礼,易怒暴躁,极少会承认自己错误的行为,因此主管往往会避免与他们发生冲突。毕竟,作为一名经理人,你不希望给人留下过于敏感的印象。但是,经理人心中的愤怒情绪仍然挥之不去,并带来了隐隐的挫败感。当压死骆驼的最后一根稻草来临时,积攒已久的挫败感就会爆发出来,情况也会失去控制。

这类问题非常常见,如果想要解决,你需要私下告诉对方你是如何看待她的行为以及她给你带来的感受的。感受没有对错之分:感受是什么就是什么。向她寻求帮助,解决现有的认知问题,并共同做出承诺,理解对方,改善当下的情况。此外,"态

第二章

良好的沟通就是最有效的管理

度"一词过于主观,带有煽动性,容易让对方产生怨恨和愤怒,激化矛盾。

每当你处理你所认为的"态度"问题时,一定要避免使用"态度"这个词。事实上,法院认为"态度问题"仅仅是意见分歧或个人冲突。因此,在任何纪律文件中都不要使用该术语。只有可以观察和记录的行为才能在法庭上作为证据提出。因此,当员工存在不可接受的"态度"问题亟待解决时,请用"行为"一词代替。

同样,与员工对话时,你需要在言语间透露出你是在进行"职业指导",以便让员工认为与你的互动具有建设性,受益无穷:

卢卡斯(Lucas),我之所以与你分享这个,是因为我不想让这件事在未来阻碍你的发展。你甚至可能没有意识到这一点,但如果我没有引起你的注意,那么我这个主管干得就不称职。我与你分享这些信息并不只是想让你的同事受益:这也是为你的职业生涯提供的专业建议。现在,我来帮助你解决这个问题，当再次遇到这样的问题时，你就会知道如何处理了。

获得口头承诺

当你尝试解决某一员工存在的问题时，请引导员工做出下列适当的承诺：

诺亚（Noah），我需要你的帮助。你知道人们都说"认知即现实，除非另有证明"。我觉得你现在要么是在生我的气，要么就是在生其他人的气。我猜的可能不一定对，但可以这么说，你的认知可能有些问题。我不知道是否有什么困扰着你，或者你觉得我在哪方面可以更好地支持你，如果有的话请跟我说一说。如果没有的话，那么你要知道，每当你冲我翻白眼并叹着气说"好吧，我会搞定！"的时候，会让我在其他员工面前感到难堪。你觉得我让你按时完成工作不合适吗？是我应该主动与你跟进项目完成期限，还是你应该主动向我汇报你的项目进度？如果你是主管的话，你的一名员工在其

第二章
良好的沟通就是最有效的管理

他人面前这样对你，你会作何感想？

请注意，解决此类问题的最佳方法是引导员工从不同的角度（即你的角度）看待问题。请记住，我们大多数人的正常反应是愤怒。但愤怒是一种外在情绪，会使人们将错误归咎于外部因素。所以，员工在受到经理人责备时通常会责怪他人。在上述情形下，与愤怒相比，愧疚能增进个人对问题的深入了解，帮助个人从自身寻找解决方案，因而可以取得更好的效果，使问题一次性得到解决。

结束会面时，你可以问：

诺亚，你的言辞和那些无声的行为就是你所创造的认知，那么你能否向我承诺你将对此承担全部责任？［好的。］

很好。我还希望你能承诺，这将是我们最后一次讨论这个问题。我的请求还算合理吗？你能否对我做出这个承诺？［好的。］

有了这些口头承诺，今后如果有必要采取进一步的纪律处分时，这将是你的重要参考记录。

请记住，行为违规有时是最难量化的，但又最能打击部门士气。当某些员工表现失礼，经常吵架，并且让你感觉不自在的时候，你应该在不激怒对方的情况下制止他们的行为。为表达对下属的尊重，你可以通过口头指导的方式关起门来私下处理这些事情。你需要记下这些对话的日期和简要内容，以防你将来可能会再次提及这些口头承诺。那些令人讨厌的、无礼的行为会挑战和削弱你的管理权威，你只有采取类似的解决方案才能彻底解决这些行为。

第二章

良好的沟通就是最有效的管理

鼓励某些员工从你的公司辞职：合适时机的选择

有时，你可能有必要说服员工离开你的公司。那么原因是什么呢？因为有些工作或个人行为存在严重问题的员工通常会"按原则"留在公司——换句话说，他们会辩解说，他们会一直待到自己准备好后才离开。这些员工自认为被剥夺了权利，自己是受害者，他们的逻辑是，"在我准备好离开之前，没有人可以强迫我辞职——尤其是我的老板！"

糟糕的是，我们通常会低估这些员工对同事的负面影响。结果可能会非常严重：处境艰难的员工可能会认为自己是在对抗咨毒和讨厌的老板，随后可能就自己的精神压力向公司索赔，并要求休假，表达对工会不满，或者起诉公司非法解聘。同样，同事们也会感到自己长时间不受公司重视，自尊心受到打击。因此，从员工关系的角度来看，你的最佳解决方案就是促成"和平分手"，让其中一方可以带着尊严和尊重离开公司，体面地解除工作关系。

谨慎行事！

事先说明一下：在采用这种方法之前，你必须确保得到公司人力资源团队的全力支持。高层管理团队也是如此：在开始之前，你必须确保你的直属上司和部门负责人完全同意进行此类商讨意向。事实上，处理此类员工之前，一定要让公司律师参与，或者聘用第三方律师。

首先，此类会谈需要第三方调解人（常为人力资源部或管理层的高级成员）参与。若直接上司与这些问题员工关系不和，并试图"说服他们"离职，那么员工可能会认为他们缺乏诚意，自私自利。其次，请记住，若公司在六个月后因"推定解雇"被起诉时，此类会谈中与员工谈论的任何内容都可能有不同的含义。

"推定解雇"类似于非法解聘；但是，在推定解雇的情况下，员工并非被解聘，而是提出辞职。原告律师通常会争辩说，工作条件让人无法忍受，

第二章
良好的沟通就是最有效的管理

任何正常人都会在类似情况下辞职。根据美国最高法院对推定解雇原则的解释，判定的关键在于，对正常员工来说，工作条件是否已经达到无法容忍的地步而迫使员工辞职？因此，原告律师会辩称，"我的委托人被迫辞职，是因为公司营造出了一种不良工作环境，这是违规的。主管告诉她，公司不需要她，她在公司没有未来！主管多次公开贬低她，让她难堪。我的委托人曾全心全意地为公司效力了三年，后来，整整一年的时间里，公司将她与团队其他成员隔离开来，拒绝给她加薪，拒绝提供培训，并要求她达到比其他人更高的标准，这太过分了。所以她不得不辞职，但这是他们的错"。

我们都知道，当涉及工作绩效问题时，双方对情况的看法完全不同。经理人认为这位问题员工不尊重他人，不善交际，并且不对自己的行为负责。因此经理人抱怨说："我已尽可能少地委派任务给她。相反，这些工作要么是我自己完成，要么是将其交给团队的其他成员去做。这本是她分内的工作，但她没有去做，我的其他员工对此感到不满。

员工们已经厌倦了我批评她,担心会惹恼她或让事情变得更糟。"

此时,员工会逐条反驳说:"你在开玩笑吗?我的老板不尊重我,她从来没有让我觉得自己是团队的一员,而且对我的要求比其他人都高。我认为我的沟通渠道并不畅通,从来没有人告诉我什么时候做对了,但当我做错事的时候马上就会有人来批评我。为什么我努力工作却得到了不公平的对待!我已经厌倦了!"

在这些情况下谁对谁错,很难说。员工也经常选择走捷径,为自己不负责任的行为辩解,偏袒自己,把自己的不快归咎于老板。而经理人显然也有些失职,没有创造出良好的工作环境,让员工可以激励自己,为部门的目标做出积极贡献。本质上,如果工作关系恶化到这个地步,经理人和员工都很失败。然而有时,试图解决这些问题只会变成一场持久的意志之战,而且收效甚微。

通过第三方调解人解决问题

人力资源或高级管理人员通常扮演着第三方调

第二章
良好的沟通就是最有效的管理

解人的角色,在涉事经理人和员工之间斡旋,以求解决问题。在调解过程中,人力资源和管理层都是"冷静理智的参与者",因为他们是冲突的局外人,而且对结果不会带有任何个人目的。当渐进式的纪律约束或员工调任不起作用时,中间调解人为了逐渐恢复饱含尊重、尊严和职业精神的工作关系,会让员工自行做出选择,是继续维持不愉快的工作关系,还是体面地离开公司、另谋高就:

奥利维娅(Olivia),过去两年你一直担任阿娃(Ava)的行政助理,我感觉,你们俩都不认为你们之间的工作关系是天作之合。换句话说,有时当人们的性格并不合适,或者在错的时间相聚在一起时,工作关系也会受到影响。你们之间的关系一直都不太理想,你同意吗?[我同意。]

阿娃,你私下曾跟我说过,奥利维娅工作表现不佳,工作中的行为欠妥,你对此表示不满。我曾建议你直接与奥利维娅沟通,而且你也已经与她沟通多次了。所以你现在也很沮丧,对吧?[是的。]

好的，那么也许是时候让我开诚相见，向对方抛出橄榄枝了。不过，我们要谈的可能有点多。如果你们还想谈论过去一年你们之间的人际摩擦，那么我想这次谈话一定会非常折磨人。我不想贬低你们工作关系的重要性，但恕我直言，这只是工作而已。我的意思是，有些家庭被疾病所困扰，还有些父母不得不照看身患重病的孩子——这些才是生活中最重要的东西。如果我们没有受到这类疾病的影响，那么我们就是幸运的。所以现在让我们正确看待工作中的问题，好吗？

有时可以这么说，这只是因为不合适才造成的。我看重的是，双方都能觉得自己得到了支持，觉得别人在尊重自己，有尊严地对待自己。我不希望人们的自尊心受挫。生命太短暂了，没必要在这方面浪费时间。

奥利维娅，我需要告诉你，阿娃哪儿也不会去。她是副总裁，已在公司中任职多年，高层认为她的工作非常出色。而你是她的行政助理，你在考虑你的选择时要时刻记住这一点。作为一个客观的第三

第二章
良好的沟通就是最有效的管理

方,在我看来,你在这里并不如意。你看起来对管理团队感到失望。你似乎也不怎么喜欢你的工作。而且我敢肯定,你某些时候会觉得并未获得赏识,觉得自己并非团队的一分子。我说的对吗?[对。]

好吧,说说你的想法:你现在主动离开公司是不是一种体面的离职方式?在你职业生涯当前阶段,你在本公司任职的同时寻找其他公司的就业机会对你有意义吗?我们允许你参加其他公司的面试,但是你要确保把我们公司的工作放在第一位,并且你要在参加面试前,至少提前24小时通知我们。我之所以提这个,只是因为我不想让你觉得,只有假装生病或者谎称预约了医生和牙医才能让你去参加面试。我希望我们都光明磊落,也希望你愿意让我们帮助你。更重要的是,我希望你觉得在这种情况下你是有选择的。你不必现在就做出决定,但请考虑一下我如何才能够帮助你解决这个问题。

还有,奥利维娅……我想让你知道,这完全取决于你自己。如果你想现在就自行辞职或者开始寻找其他工作,那么我们将为你提供帮助。如果你不想，那也没关系。我们将竭尽所能帮助你重塑与阿娃的工作关系，并让你的努力得到更多肯定。如果你选择留下来，我只是希望你和阿娃能够和睦共处，同心协力地共事。奥利维娅，这都是你的选择，我们最好是敞开心扉地讨论这些事情，而不是闭口不言。你觉得上述的解决方案是不是比较合理呢？[是的。]

这种外柔内刚的方法通常会立刻缓解相处中的紧张感。这种干预的逻辑很简单：最好是让人们知道自己的处境。当感受到别人在诚心敬意地对自己进行专业的指导时，人们通常会做出善意的回应。尽管传递这样的信息可能会引起冲突，但这有助于解决问题。毕竟大多数人更倾向于听到"经理人希望他们理智思考，换一家企业工作"，而不是从经理人的行为中推断出自己不再受公司欢迎。

这种干预方法有缺点吗？一方面，是的：你永远不会知道人们会作何反应，因为原则很容易成为阻碍。比如，他们可能会挑毛病，从而造成更大的

第二章

良好的沟通就是最有效的管理

麻烦（如起诉）。另一方面，只要第三方调解人小心谨慎地确保员工明白这是她自己的决定（避免以后提出推定解雇诉讼），这种干预就会很有成效。人们需要听听别人对他们的看法。如果员工能在坦诚直率的谈话中听到有关他们的问题，大多数员工都会心怀感激。

尽管如此，你还会遇到另一个障碍：一旦你作为老板"表明了你的意图"，如果你最终以某种理由解聘了员工，她很快就会根据事实来判断。最终可能会报复性地起诉你非法解聘。员工可能会这样说："部门主管和人力资源部门鼓励我辞职，我拒绝了之后，他们就找了一个方法解聘我。"好吧，但如果人力资源部门和高级领导层一同努力，让员工感受到尊重，并让她体面地离开公司，或者允许员工参加其他公司的面试，那么大多数员工都会以善意回应，并不会去法院起诉。你在开始会面之前，应谨言慎行，联系有资质的法律顾问——了解你该说什么，不该说什么，特别是如果你怀疑对方有可能会提起诉讼时。

那么，这种方法的效果如何？那就要视情况而定了。根据作者的经验，结果通常遵循二八定律：20%的员工会选择当场辞职或同意立即开始寻找其他工作。这样的结果可能看起来不太理想，但如果你放眼长远，你会发现很多员工会在会谈后三四个月内和和气气地从公司辞职。毕竟无论公司的员工多么愤怒，他们都会意识到自己处于不利地位，继续纠缠下去毫无意义。当愤怒的人感受到他人的尊重时，他们心中的怒火就会消散。当员工心情平复后，他们会感觉不太愿意"按原则"留在你的公司。更重要的是，他们会平静地自愿从公司辞职，并不会装腔作势或提起诉讼。

你说什么都没关系，重要的是你说话的方式。这样的谈话非常艰难，而如果你能在会谈中保持客观的态度，那么参与其中的主管和员工都会很赞赏你。长期以来，许多公司都忽视了人文关怀，而介入式管理真真正正地涉及了这一点。这种方式既能让你表现出对管理团队的支持，又能让你的员工重新掌控自己的职业生涯。这就是开明领导力的全部意义所在。

第三章

团队建设

第三章

团队建设

团队协作、友情和合作的重要性

如今,几乎每个人都需要参与某种形式的团体工作,因此,沟通、团队协作和合作成为提升职场绩效的关键因素。即使是那些在实验室培养皿中培养标本的科学家,也必须与他们的同事、经理人、医院或研究机构的管理人员协同工作。

仅仅关注员工的绩效是远远不够的,你还应让员工对自己的行为负责——确保员工可以与他人和谐相处,让他人感到备受欢迎。其实,员工的举止行为有时比他们的工作表现更重要!职场中,员工的恶劣态度以及不友善的行为会对他人产生负面影响并降低团队士气,甚至会让其他员工认为公司工作环境不佳,以此提起诉讼。

那些愿意合作,容易相处,而且乐于参与团队协作的人往往具有以下特征:

- 他们开放、诚实、直率、不遮遮掩掩,愿意并乐于与人分享信息和知识；他们能坦诚地与人交流，信任他人。

- 他们欢迎（甚至征求）建设性反馈。他们积极倾听他人讲话，并带着尊重回应对方；他们怀着尊敬与敬仰之情对待他人。
- 无论公司内外，他们都能及时提供反馈，积极跟进工作。
- 他们保持开放的心态，愿意接受他人的想法；他们重视每一个建议和请求；他们能创造出包容的工作环境，欢迎他人的建议和观点。
- 他们不断寻找共同点，鼓励团队成员之间协作；他们能心平气和地解决人际冲突；他们与同事建立共识，努力使团队保持团结，达成共同目标；他们乐于分享成功，并将成就归功于团队的努力，而不是任何一个人。
- 他们能各取所长，发挥团队成员的特殊才能；即便需要对他人进行建设性批评，他们也总能鼓励对方。
- 他们喜欢积极地处理冲突，而不是避而不谈；他们以建设性的方式坚定地直面问题；当出现分歧时，他们会合理参与，以尊重和真诚合作的精神进行讨论。

- 他们把每个人都想成是善意的（除非现实证明并非如此）；他们总是希望能让别人表现出最好的一面。
- 他们通过共同决策建立共识。
- 他们拥有集体责任感。
- 他们庆贺成功，认可和欣赏他人的贡献。

你应该鼓励你的员工学习上述的态度、行为和工作习惯。

如果这还不够清楚的话，下列是一些你应该避免和改变的行为，你一定不希望你的团队中有这样的人：

- 更喜欢独自工作。
- 不愿参与小组任务。
- 不愿共享信息和资源。

- 不愿帮助其他有困难的人。
- 不能平等地与团队互动。
- 不愿赞赏别人取得的成绩。
- 挑选更有吸引力的工作。
- 劝阻同事主动提出观点。
- 否定新建议。
- 工作风格盛气凌人。
- 仅仅以"这不是我们公司的行事方式"为理由,拒绝新的想法或建议。
- 将团队其他成员的贡献归功于自己。
- 当个人的权威受到挑战时产生对立情绪。
- "说服"那些意见相左的人。

上述例子不仅描述和定义了那些具有团队精神、易于交往、乐于合作的人,而且可以用于衡量哪些员工做到了这几点,哪些员工未能很好地与他人共事。简而言之,所有员工都有责任创造和维护一个友好和包容的工作环境。团队中的每个人都应该具有上述特质。

第三章

团队建设

举个例子,很多业绩优秀的销售代表一贯认为,只要他们的销售额持续飙升,这些行为预期就都不适用于他们。但他们的想法与事实相去甚远。诚然,他们的业绩是他们对公司整体贡献的重要指标。但如果他们将新销售代表视为某种威胁,并且他们的成就是以牺牲新销售代表的利益为代价,这还能令人接受吗?如果其他人很难在部门内有获得成功的空间,几乎没有人的业绩能超过这位个人贡献者,你怎么看?如果这个人威逼胁迫、仗势欺人,使得部门每年的人事变动率为100%,你又怎么看?

不幸的是,该部门很少有人的业绩能够超过这位"顶级"销售代表。这对你的公司来说是一个重大损失,虽然你的部门可能有8名销售代表,但没有人愿意与这位常对同事咄咄逼人、巧言哄骗的"顶级销售员"一起工作。类似的例子数不胜数,不仅仅局限于销售领域,但重点是一样的:如果个人贡献者未能对同事产生积极影响,没能助力提升团队士气,那么你就没有一个真正的销售"部门"——你拥有的只是一位销售代表,而且他还浪费了其他7位销售代表的才能。

评估员工对公司的净贡献时,你应不仅要考察员工的绩效还要关注他们的个人举止行为。不要被出色的销售业绩或个人贡献所误导;你关注的核心应该是团队,而不是任何特定个人。当你手下业绩最出色的员工存在严重的行为问题时,你应与你的老板和人力资源部门制定策略,让该员工做出改变,或者将他开除。不可否认,重建新团队会暂时打击部门的销售额,但只要能进一步促进部门发展壮大,一切时间和投资都是值得的。毕竟,如果只有一位员工能够始终如一地投入工作,你就无须再花钱浪费8张办公桌所占的工作空间。如果某位员工无法与同事和睦相处,并对他人产生了负面影响,那么暂时关闭该部门并允许该员工在家工作可能会取得更好的效果。

擅长帮助团队逆转颓势的领导者有时也不得不做出这样的艰难决定。你同样应该召集你的内部盟友(高级管理人员和人力资源部),利用销售指标

第三章
团队建设

和数字来说明总销售额中失去的销售潜力。如果有员工不愿帮助同事、忽视团队整体利益，那么你应该做出一个艰难的决定，即将其开除。即便员工的业绩再高，他们也需要为自己的行为负责。若你还让这种"毒瘤"继续存在于公司中，这不仅会影响公司声誉和员工的整体工作态度，还会让别人认为"这就是公司的工作方式"，从而纷纷效仿这种自私自利的不良行为。

帮助团队学习成长、促进团队专业发展

人口统计数据对本节内容发挥了重要作用。美国半数劳动力的年龄不超过 40 岁。人口统计学家、社会科学家、学者和研究智库通过对 Y 世代（即千禧一代）和 Z 世代的调查，发现了 40 岁及以下人群所关注的某些核心原则。这两代人一致的五大价值观如下：

- 多样性、公平性和包容性。
- 企业社会责任。
- 工作与生活的平衡和灵活性。
- 环保主义。
- 专业成长和职业发展。

这些群体正迅速发展壮大，公司应明智地听取这些人的意见，优先处理，并据此制订公司计划，以满足他们的需求和期望。这对于你的公司来说至

第三章

团队建设

关重要，它会影响员工的招聘、留任、自发努力，最终影响员工的投资回报率（ROI）。

许多公司因业务繁忙或经营不善，有时会忽略员工的专业成长和职业发展。由于面临裁员问题或其他挑战，公司的主要目标仍然是维持业务，支付工资。尽管如此，这些群体仍将专业成长和职业发展视为关键。为确保他们能够携手努力、高效工作，这是你管理中不容忽视的一个重要方面。

作为一名新晋经理人，你需要提升指导技巧，与你的员工探讨他们的业绩、专业发展领域、教育机会等。下述方法较为理想：

第1步：进行年度绩效评估，并制定下一年的绩效目标。

第2步：开展季度联络会议（称为"个人发展计划"），讨论业绩、目标进展、障碍和计划中的关键点。

第3步：在绩效评估会议和设定新目标的前两周开展年度自我评估。

下面列出了一些问题，你可以在上述任何阶

段向员工提问，也可以在一对一谈话时再次提问。你可借助这些简单的问题开展与员工的谈话，问题如下：

- 在你职业生涯的当前阶段，你在忙哪些工作？你还想进一步了解些什么？
- 如果满分是 10 分的话，你给你的职业兴趣与你的日常工作联系程度打多少分？
- 如果满分是 10 分的话，你根据自己每天的工作表现，认为你对团队和公司的整体贡献可以打多少分？
- 你会用哪三个形容词来定义或描述你作为领导者或个人贡献者的角色特征？

对话时倾听每位员工的意见非常关键。你需要让员工谈谈对问题的理解，让他们大声回答问题，积极反思和回应。少提建议，多问问题可能比你想象中更难。若你决心成为团队成员的导师和教练，那么，更有效地倾听他人所想就是你个人和职业发

第三章

团队建设

展过程中的关键所在。

有些人可能更注重继续深造和完成学位。而另一些人可能更关注升职和赚更多的钱。但不同的动因在人们职业生涯的不同阶段扮演着不同的角色，所以有些人还可能会看重：

- 工作与生活的平衡。
- 在公司和家中都可以工作。
- 了解更多关于业务更广泛的公司的潜力，包括向国际领域转型。
- 学习新技能，包括考取新的执照与证书。

无论如何，你只有问了以后才知道。所以你应该重视一对一季度会议。指导的本质在于释放他人的潜能，激励员工养成新习惯。你要让员工认为你不仅仅是他们的老板，更是职业导师和教练。问问员工，你该如何帮助他们增强自身优势、整理记录他们取得的成绩。员工的成就感越强，掌握的技能越多，对你的部门和公司的发展就越有利。

授权是团队发展的一种手段：利己利团队

公司经营不景气时，管理者需要采取某些特殊方式进行管理。经理人工作量过多会导致压力过大，有时，他们甚至觉得自己处于崩溃边缘。当然，杰出的经理人能够经受住长时间超量的工作，忍受着最低的补偿奖励（如果有的话）。但现实情况是，21世纪以来，由于数次金融危机和全球性大流行的影响，人们在职场面临着异常严峻的挑战，许多管理人员失去了工作的动力。

授权工作给员工既能减轻经理人的工作量，又可以培养团队的领导力和执行力，看起来好处多多。但授权必须把握合适的尺度，而且需要的精力和关注要比你想象中多得多。

例如，你不应该将你不想做的事情授权给他人：这是一种自私自利的行为，并不能锻炼下属能力，也不会让下属有机会承担更大的职责。相反，你应该将你擅长的工作授权给员工，以帮助他人获得参

第三章
团队建设

与工作的机会，提升自己的技能。这样的授权方式才是真正无私的行为，它能为员工提供指导和"锻炼"的机会，促进员工专业成长和职业发展。但是请注意：培养员工需要时间，而且你授权工作所花的时间可能比你亲自去做还要多。

如果你认为自己是无私的领导者并引以为豪，如果你总将他人的需求置于自身之上，并期望对方以善意回应，如果你为了员工更好地发展，鼓励员工在公司内外寻求其他机遇，那么你就非常适合使用授权的方法促进员工职业发展。这是因为授权的方式有时可能会让你放弃你喜欢做的事情。

例如，如果你是一名财务经理人，喜欢为跨国外派任务制定预算，或者你是一名法务部门负责人，喜欢为公司员工进行行为准则培训，那么你可能不想将这些工作分配给其他人。同样，如果你在与高层的互动中发现了你对公司的最大价值，并为你经营多年的人脉网络感到自豪，那么将下属纳入你的人际关系网可能会有一定的威胁。所以，在授权任务之前，评估自己的管理风格至关重要。对员工做出任何承诺之前，要确保你知道自己愿意授权什么任务。

授权工作给他人既是一种自然的倾向，也是一种后天习得的行为，这取决于企业文化和对你的培养程度。此外，你在授权任务之前，需要了解你的下属中哪些人已经准备好接受这个学习新技能的机会。你需要对你的员工进行评估，确定哪些人可以承担更多职责，你还需要与员工会面了解他们的动机。你可以与员工进行一对一会面，并使用下面的表格进行调查，让每位发展潜力较高的员工给各个条目打分（1~6分），以找出员工各自的动机：

个人动机	
＿＿ 逐级晋升实现职业发展	＿＿ 习得管理、行政和领导技能
＿＿ 承担更多工作职责/开发新技能	＿＿ 工作与生活的平衡（即"为工作而生活"还是"为生活而工作"）
＿＿ 习得新的业务技能（通常需要外部培训或认证）	＿＿ 金钱和其他形式的报酬

第三章

团队建设

在你急于斥责"金钱"这一选项之前，请记住，在合理范围内，人们主要是为"精神"收入而工作，而不是为了钱。许多读者倾向于淡化这一现实，但实际上，大多数热爱自己工作的人，喜欢他们的老板和同事的人，对工作感到满意并全身心投入的人，都不会把钱放在首位。无论你选择表达与否，你基本上都是在问员工："如果你可以专注某个领域发展技能、增长经验，丰富你的简历并为你未来的职业发展（在本公司或其他公司）做准备，你想做些什么？"了解员工主要的激励因素有助于你确定授权什么任务给他们以及如何共同管理运作流程。

授权可以采取技术、管理或行政技能的形式。但这不意味着你将职责交接他人后就可以抛之脑后。授权的过程也需要格外重视。在整个工作授权实施期间，要密切关注和联系你的下属。因此，授权时，你应该设定如下期望：

- 对于监管这个项目，你的期望是什么？在承担新项目的责任时，你最初的计划是什么？

如果你接手这个项目,你会给这个项目设定什么界限?
- 你打算多久向我汇报一次项目进展状况?你想采取何种方式向我汇报?
- 为了让我们知道你已经达成了目标,可衡量的成果应该是什么?

利用授权的方式促进员工发展是否存在限制或注意事项?答案是当然存在。首先,你必须了解你自己。如果你尚未准备好放弃你目前的一些职责,请不要让下属主动提供有关他们职业目标的信息。或许,你已经对你的员工可能提出的要求有了大概的了解。

其次,注意不要让你的员工负担过重。当然,授权的方式可以让他人分担你的工作量,可能会使你的工作更轻松,但你必须有目的地管理授权。如果下属认为你授权工作是为了你自己的利益,或者如果他们对你分配的任何事情都不敢说不,那么就说明现在你还不适合用授权的方式促进员工职业发

第三章

团队建设

展。采用这种方式之前,你必须建立起基于信任和相互尊重的工作关系。

当员工开发出新技能并感受到老板的尊重和认可时,他们会继续留在公司,而且会根据公司不断变化的需求,开拓进取,不断提高自己。其实,对员工进行评估,花时间了解他们的个人动机,都是你的前期投资。从长远来看,这有助于你更顺利地开展工作,节省你的时间,生活中很少有机会能让你如此明智地工作。这就是开明领导力和主动管理的要素。

远程领导：管理看不见的劳动力

随着技术不断进步，远程就业呈上升趋势，为企业招聘和员工的职业生涯管理目标带来了更多灵活性。与传统劳动力相比，远程员工的独立性更强，远程管理还需要采取一些前所未有的、不同的领导技能来激励员工，提高员工参与度。

一方面，研究表明，远程员工灵活性更强，工作与生活的平衡更加合理，因此，他们的实际表现更好。另一方面，远程员工认为自己更加孤独，与社会隔绝，而且经常备受忽视，有些员工更渴望与高层领导见面、更想获得发展机会，而他们担心老板看不见自己就会淡忘自己。

你该如何在沟通、团队建设和解决问题等方面，寻找健康的节奏与平衡呢？你该如何管理"看不见的劳动力"？如果让你对团队成员的绩效负责，但是你又没有真正了解团队成员的表现，也不知道他们一整天都在做什么，这是否会让你有点焦虑？

第三章

团队建设

不要担心：我们在本书和本系列其他书中讨论的所有内容都可用于有效地远程管理员工。无论是无私领导、专注倾听、职业和专业发展，还是根据员工个人优势授权项目，所有规则在此仍然适用。但是有一个例外：你在与下属一对一会谈时，需要采用针对性和目的性更强的方法。

远程工作时，你无法与员工并肩工作、共进午餐，无法在办公室饮水机处相遇，你也就无法更深入地了解你的团队成员。所以，远程领导方法的重点就是要增进你对员工的了解，只是你现在不是以团队或小组的形式，而是以一对一为基础开展工作。然而，沟通和责任是相辅相成的。为了你与员工之间能持续地、有规律地反馈和交流，增进对员工的了解，你可以参考以下几个比较实用的方法。

每周一对一会议

首先，每周的固定时间，与你的每一位直接下属进行一次一对一会议。假设你直接下属的数量适中（不超过7个），你可以每天与团队中的一位成

员开展会议,这样你就可以有条不紊地获得反馈。最短会议时间应为 15 分钟,你可以根据需要或偏好延长会议时间。你可以问:

- 到目前为止,你这周过得怎么样?
- 你预计能否完成预期目标?或者你哪一步落后了?
- 你是否需要额外的资源?或者你是否遇到了我可以帮助你解决的障碍?
- 如果你想与公司内任何特定人员进行会谈,我能否为你提供些便利?
- 你的周计划进展如何?你是否已经明确了你的短期目标?你的工作是否已协调妥当?你的工作是否进度受阻?

团队周会

在此类会议中,你的开场白可以是这样:

让我们逐个讨论一下我们正在做的工作,哪些是提前完成的工作以及哪些是可能延期的工作。

我们的团队季度目标和个人季度目标进度如何？你们工作中是否遇到了一些障碍？大家可以相互分享一下，也给其他人提个醒。

为避免感到与团队疏远或脱节，大家打算如何增进与同事的关系和交流？

让我们对本周整个团队的工作进行复盘，看看我们哪里可以做得更好，或者我们可以做些什么改变，取得更理想的结果。

你是否愿意与团队分享一些其他话题？无论是项目状态、目标调整，还是我们从未涉猎过的新提议，任何话题都可以。

季度业绩会议

第二季度已经结束，是时候评估和回顾一下我们第二季度的目标和成就了。请记住，这与上市公司财务报告的要求非常相似：季度报告是年度报告的一部分，因为我们掌握了一切，所以此过程中不应该有任何意外。

谁想先分享一下自己的项目状态或目标进展？

季度业绩日历中有什么内容是值得我们庆贺的？我们应该怎样举办这次庆贺活动？

第三季度开启时，我们是否需要以某些项目或目标为中心？为实现年终目标，我们是否仍在正轨？

你认为谁应该获得季度最佳员工奖提名或其他表彰？

如果你可以改变一件事，提高团队的工作效率，你会选择改变什么？另外，请提出一些可供我们参考的解决方案。

第三季度我们可以尝试哪些此前从未实行的新举措？有没有什么因素能迫使我们修改年度目标？

你是否认为需要引入某些软件、系统、清单、模板、个人指标仪表板或类似的东西来帮助我们更有效地记录成就？

你认为我未来应该如何合理地布置工作任务、找寻方向、给予反馈？我们的远程工作关系是否能

第三章

团队建设

继续对你产生积极影响？你希望我们改变些什么？

注意：在季度一对一会议中，你可能需要提出以下问题：

我可以做些什么来协助你总结上个季度的成就，帮助你完善年度自我评估表、丰富简历或领英的个人资料？

你现在是否想找机会提高教育水平？若公司报销学费，你是否愿意考取某些证书和执照？

你是否想加入任何特定的社团或行业团体来扩展你的职业社交网络？

在个人职业兴趣、职业发展与工作机会等方面，有没有什么我可以帮你的？例如，接触其他业务领域的机会，专攻特定领域或成为内部主题专家的机会，或者参与公司高潜力项目的机会。

总之，管理远程员工时，要力求清晰、透明，并采取"过度沟通"的原则。与管理那些每天都能见到的员工相比,管理远程工作者的团队合作和运营协调标准可能要更高。这种灵活的工作安排可以吸引更多人才加入你的公司,为你在人才紧张的劳动力市场上博得显著的优势和机会。

但是请记住:眼不见并不代表心不想。你的团队成员需要时刻感受到自己与公司紧密联系在一起,也要感受到公司成员之间的密切关系。针对这些问题,我们需要用独特且具有创意的方式领导远程团队,既利用远程工作的优势,同时又淡化远程工作的负面影响。

第三章

团队建设

管理多代员工：多了解他人的想法

皮尤研究中心对美国人口普查局数据的最新分析显示，如今 1/3 以上的美国劳动者为千禧一代（25~40 岁的成年人），2015 年，千禧一代超过了 X 世代，成为美国劳动力中占比最大的一代人。而且，五代人共存职场，这在历史上尚属首次。

事实上，几代人一直共存于职场之中。新员工进入公司后常常忙于积累工作经验，努力进步。老员工常常担任主管和导师。两者之间的关系或多或少都有些紧张，这也是预料之中的。但在美国职场中，最常见的是两代或（最多）三代人，而不是五代人。正如人们所预料的那样，这种现象正对全体员工产生或好或坏的影响。

几十年前，大多数员工在 65 岁时退休。但如今，许多人已经 70 多岁了还在工作。与此同时，年轻的劳动力也在持续不断地涌入就业市场。多代人"同台竞技"凸显了价值体系的差异，不同年代的人对工作中的行为和表现有不同的看法，因此可能导致职场冲突。当他们产生分歧时，会对彼此的沟通感到沮丧，这是一个危险因素，不利于他们一起高效共事。简单了解一下这五代人的特点对于理解多代劳动力的构成非常重要。

稳定的传统主义者：老兵一代

人口统计学家通常将这一代人定义为出生于1945年之前的人。老兵一代目前已经至少70岁了，但许多人仍在工作。有些人担任领导职位，薪水丰厚，而还有一些人没有钱安享晚年，不得不继续工作，领着微薄的工资。老兵一代令行禁止，尊重权威，听从领导层的指挥与命令。这一代人认为顺从是一种美德，是一种自我牺牲，也是共同的责任。

转型的婴儿潮一代

婴儿潮一代是指出生于1946年至1964年的人，这一代人数众多，总共有大约7700万。第二次世界大战后回国的美国士兵购买了房屋，建立了幸福的家庭，随后造就了这波婴儿潮。与他们的父母相比，婴儿潮一代有更多的机会接受高等教育，收入也更多，他们还相信美国梦。他们享受权威，寻求有权力的职位。婴儿潮一代经历了一个繁荣的黄金时代，但因为没有退休保障，没有足够的储蓄来养老，因此晚年生活颇具挑战。结果就是，大部分婴儿潮一代的人并没有按时退休，仍然在工作，这压缩了年轻一代的上升空间，让他们感到失意和沮丧。

"独立"的X世代

人口统计学家将这一代人定义为出生于1965年至1979年的人。这一代人数量不多，只有大约4600万，是职场五代人中人数最少的一代，导致有时会打乱企业接班人计划。X世代大学毕业的时间正好赶上20世纪90年代中期经济衰退后的失业潮。许多人目睹了父母失业或陷入财务困境，毕业后，他们很难找到自己觉得有意义的工作，也很难让自己职业的道路步入正轨。因此，X世代对商业世界抱有一种愤世嫉俗和怀疑的态度。X 世代更喜欢独立工作，抵抗权威，他们甚至不服从管理。与 Y 世代和 Z 世代一样，X 世代也有些许享乐主义倾向，他们不一定为了工作而活着。他们为生活而工作，可能不会为了团队的利益而牺牲自己的幸福。

Y 世代

Y 世代约出生于 1980 年至 1995 年，Y 世代的赋权感（有时被其他几代人解释为权利）促使他们寻求超越传统职业道路理想的经验。他们求职的目标是获得自己满意的经历，无论是被解聘还是自己主动离职，他们都能平静地接受。Y 世代坦然接受了工作不稳定这一现状，因此，只要有工作的机会他们就会很满足。Y 世代的成长环境受科技影响很大，因此他们非常善于同时处理多项任务。无论是接电话、回复电子邮件和短信，还是在社交媒体上发帖，他们都习以为常。Y 世代认为，企业应该关注社会目标，注重环境保护，而不是仅仅为了赢利做生意。他们会全力支持符合其价值观和个人信仰

的事业。其实，Y世代已经迫使公司重新考量工作灵活性、会议安排以及隔间的使用。

Z世代（有时被称为"Zoomer"）

Z世代是指出生于1996年至2012年的人。截至撰写本文时，年龄最大的人已经20多岁了。Z世代是第一代真正具有全球化特征的人类群体，他们成长于"9·11"事件过后的世界，受益于社交媒体，他们见证了第一位美国黑人当选总统，经历了校园枪击案和新冠疫情，他们经常在互联网上看到"假新闻"。现在就给他们的核心价值观下定论可能还为时过早，因为这一代年轻人还在找寻自己的定位。他们中许多人称自己是最勤奋的一代，并倾向于自主创业。Z世代生活于网络世界中，他们认为企业应肩负起社会责任，保护环境，而对现实社会知之甚少。

多代劳动力的管理方式

当世界观与经历各异的多代员工一起工作时，

管理者如何才能在职场创造出和谐融洽的氛围呢？与许多其他事务一样，你也需要秉持开放和诚实的沟通理念，表达对员工的尊重和认可。虽然各代员工对权威、领导和沟通方式的看法不同，工作与生活的平衡观念也存在差异，但为了营造积极的职场氛围，你可以参考以下做法：

- 跨代指导：这有助于老员工掌握新技术，还能帮助年轻员工向老员工学习经验，提高业务能力。建议你观看罗伯特·德尼罗（Robert DeNiro）和安妮·海瑟薇（Anne Hathaway）主演的电影《实习生》(The Intern)：你一定会喜欢片中所传达的信息，并了解多代人是如何学会团队合作的。
- 工作任务和项目要注重合作和轮调：这些任务会很自然地将人们聚集在一起，让他们朝着共同的目标努力，并保持统一。建立团队时，要考虑到这种多样性。不同的观点具有包容性，所以多样化的想法和意见往往会对

第三章
团队建设

团队的最终方案产生积极影响。

- 灵活的工作时间表：科技的发展催生了许多新的工作方式。2020 年和 2021 年新冠疫情期间，远程办公成为全球许多公司的主流模式。与传统上朝九晚五的工作模式相比，这一趋势似乎更能增强业绩，提高生产力。为此，你需要增强团队弹性，开拓多种沟通渠道，促进远程团队建设，充分利用这一趋势。

- 参与交叉培训，学习最新技术：对于任何团队来说，内部技术培训都是大有裨益的，但对于喜欢教学和公开演讲的高潜力员工来说，这会是一项极好的延展性任务。

- 举办关于领导力和沟通的培训研讨会：这本书或保罗·法尔科内的职场领导力系列丛书中的任何内容都用可用于探讨"领导力和沟通"这个话题。让人们谈谈什么是有效的沟通方式，哪些沟通方式需要改变，鼓励员工自由开放地讨论如何优化公司内部的沟通。

新团队建设

- 营造公司群体氛围，宣传"让世界变得更美好"的环境意识和社会事业：截至撰写本文时，千禧一代和 Z 世代几乎占了美国劳动力的半壁江山。未来十年，这两代人的总占比将飙升至接近 60%。为实现公司的最大利益，每个公司都应该增加对这两代人的了解，了解他们最看重的是什么：多样性和包容性、良好的企业公民意识、环境、专业成长和职业发展、工作与生活的平衡和灵活性。让这些成为你公司的主要价值观念，你在招聘时也需对此大力宣传。

- 组织团队建设活动，增进对他人背景的了解：关于如何进行团队建设的书籍数不胜数，其原因是：团队建设仍然是职场运转的重中之重。你可以通过化解分歧，寻求共识增强团队凝聚力。你可以通过多问问"我们能从对方身上学到什么？"来增加团队成员之间互动和学习的机会。

- 建立跨职能委员会作为公司领导和决策的主

第三章
团队建设

要机构：委员会工作可以将公司各部的人聚集在一起。这是员工表现自己的机会，也是一个真正改变公司未来的机会。高层领导还可以通过委员会将经验与智慧传授给年轻一代，确保实行接班计划时，权力能够顺利过渡。

- 利用社会关系网络，建立人脉关系，加强协作，提高员工敬业精神：如今，职场中各种新技术和软件层出不穷，如：通信工具、绩效反馈应用、员工奖励软件，甚至还出现了模仿人类行为、预测未来结果的人工智能应用和智慧程序。你可以与员工分享这些新工具和应用，指导他们如何使用，享受其乐趣，但请记住，人的智慧和人情味带来的温暖才是无可替代的。

若项目团队由好几代人组成，那么沟通障碍可能会成为主要的绊脚石。鼓励团队成员，让彼此了解对方喜欢的沟通方式，让他们谈谈自己与他人沟通的方式和频率,以便团队可以提前预测和避免沟通障碍。

尽管多代人之间存在巨大差异,但重要的是要记住,他们是可以在一起高效工作的。每个人都有独特的观点和技能。如果你能够劝导他们开诚布公地相互沟通,尊重彼此的差异,那么你将建立起一个多元而且团结的团队,而且这个团队一定会在职场中所向披靡,无所畏惧。

为了营造一个更具协作性的环境,你需要接受员工之间的差异,这并不是让你隐忍,而是要将其化为力量的源泉。你可以借助年轻一代为职场注入活力和创新精神,依靠老一辈的智慧和经验,帮助年轻人克服新困难。你需要仔细考虑接班人计划,指导有潜力的经理人和高管与自己麾下的多代员工高效地完成工作。要知道,上述的诸多方法既适用于远程办公,又可用于传统上班族。得益于技术的发展,远程交流和联系从未像现在一样发达。

第三章

团队建设

培养多元且包容的员工队伍的重要性

新晋经理人在多样性、公平性和包容性（DEI）上面临着诸多问题，许多观念也已经过时，例如：

- 我们能否真正做到多元化、公平和包容？
- 在你公司（包括董事会）中，招聘或提拔"多样化"的员工是出于现实需要还是人为干预的？
- 多元化、公平和包容是否只是20世纪60年代以来种族平权行动的另一种形式？

现实是这样的：千禧一代和Z世代在美国劳动力中占有很大比例。明智的老板将尽力满足他们的需要。人员、思想和文化的多样性是最能吸引和激励Y世代和Z世代的因素。

你可以将此作为公司的关键目标，并将你的承诺广而告之，这有助于帮你成功吸引并留住人才，就是这么简单。

此外,麦肯锡公司(McKinsey)和其他咨询公司以及许多商学院都已经证实,与那些员工和董事会成员更为同质化的公司相比,董事会、领导团队和员工队伍多元化的公司一直都更加出色。那么是什么原因呢?这是因为这些公司将制定决策和战略的员工当成客户和消费者对待,因此更符合公司的需求和愿景。

鉴于美国企业劳动力模式以及社会现状,年轻员工面临的是什么?哈珀柯林斯领导力基本要素(Harper Collins Leadership Essentials)网站的研究显示:

- 美国公司中只有 3.3% 的经理人是黑人男性。
- 20 年以来,女性领导职位的数量并未改变。
- 78% 的员工认为自己公司的领导层多样性不高。

此外,美国人力资源管理协会的数据显示,黑

第三章
团队建设

人占美国人口的13%，但仅占专业岗位员工的8%，仅占所有高管或高级领导职位的3.2%；而且，黑人在财富500强首席执行官职位中的占比不足1%。简而言之，尽管美国企业已经为提高多样性做出了努力，但结果似乎有些不太尽如人意。

当然，多元化、公平和包容并不局限于种族和性别，还包括年龄、残疾、性取向、退役状况等。当然，你不能简单地通过调整员工比例敷衍了事。为了更好地融合多样化的想法、意见，你可以在公司中参考以下做法：

- 无意识偏见（也称为隐性偏见）培训：一种流行的多样性意识训练方法。
- 使用数据，尤其是在内部晋升和转岗率、高潜力员工培训和实行接班人计划等方面。
- 盟友关系，你可以采用员工资源小组的形式，鼓励具有共同特征（如性别、种族、宗教信仰、生活方式或个人兴趣）的员工自愿聚集在一起，培养更加多元包容的职场环境，以迎合他们的价值观，例如，关注企业社会责任、环境可持续性和军人到退伍军人的过渡，等等。
- 指导和赞助，包括高潜力项目、社区大使和新员工"伙伴"，这些都是指导别人和接受别人指导的绝佳机会。
- 加大挽留员工的力度，通过员工意见调查、工作氛围调查或同行群体，对某些员工群体进行离职风险评估。
- 参与社区服务，你可以通过设立志愿者日鼓励员工参与。
- 企业社会责任，与社区服务紧密相连，可以通过非营利事业进行赞助和筹款。

美国的某些州正在实施更为严格的方案，以提高我们对差异的认识，鼓励建立一个更加包容的社会。例如，在加利福尼亚州，截至2019年，所有上市公司的董事会必须至少拥有一名女性成员。截至2021年，女性董事的人数有所增加，董事会规

第三章
团队建设

模越大,女性代表的人数就越多。

这一切的意义是什么呢?首先,来自投资者和股东的公众压力正迫使上市公司提高人员多样性,促进机会平等。其次,更关键的是你的客户、顾客和消费者会要求你使用他们的语言。你的业务团队越多元化,你就越有机会满足甚至超出消费者的期望。

找到最适合你与公司的运行方式,并向公司员工、求职者和客户大力宣传你在这方面的努力。多元化、公平和包容并不再是可有可无的元素:如今,多元化、公平和包容已成为重要的商业因素,如果公司未能实现并利用其价值,那么未来可能会蒙受一定的损失。

如果你想了解公司提高多元化、公平和包容的其他方法和注意事项,请参阅本系列第一本。

第四章

内容总结

第四章

内容总结

建立关键指标，推动业务发展

"数字"非常具有说服力，在发展你自己或你员工的领导力时，你应该引起重视。更重要的是，你公司中负责业务增长和应对公司多变需求的高级管理团队一定对数字很感兴趣。有些公司采取了一些措施来分析运营概况、寻觅促进业务发展的关键因素，但令人惊讶的是，许多领导者并未评估关键业务指标，也没有基于此制订自己的个人发展计划。毕竟增加收入、减少开支、节省时间、开发新制度、执行新举措是美国企业中每个职能部门的最终职责。而你要做的就是确定驱动部门发展的指标，然后用数字和百分比量化你的成果。

只有你的管理团队才会知道哪些关键成功因素、关键绩效指标和关键行为指标能促进公司或特定部门的发展，但你也应该了然于胸。规划绩效管理需要战略思考和分析测量，具体如下：

- **关键成功因素（CSF）**由业务需求驱动，以下是其 4 个主要因素：

  行业特定因素：与你的行业或营业范围有关，特殊性较高。

  环境因素：与商业环境、经济、技术进步有关。

  战略因素：包括技术发展、人口变化趋势，甚至国际贸易协定的变更，这些变动有可能对市场准入和你的销售模式产生重大影响。

  组织因素：受劳动力或部门老龄化的影响，比如，这一趋势将在近期或未来三至五年内对人力资本构成潜在威胁。

- **关键绩效指标（KPI）**以关键成功因素为基础，影响着每个公司的任务和目标。设立关键绩效指标需满足你的关键成功因素，而且要牢记以下注意事项：
  - 关键绩效指标必须符合公司的组织目标，并且可量化（清晰/集中）。

第四章

内容总结

- 能衡量的东西就能实现，或者说，能衡量的东西就能管理。
- 关键绩效指标必须直截了当、毫无争议，并侧重于战略目标。
- 对实现目标的过程进行衡量同样重要；例如，你可以对投入（原材料）或产出（销售额）进行衡量。

让我们来看一个例子，一位献血站的人力资源主管长期以来面临这样一个问题：如何才能鼓动更多人在捐献中心献血，这份好奇心又驱使着她寻求解决方案。人力资源团队可以将问题写在白板上，审视采购部门当前面临的挑战，从而可以客观地看待献血人数少的问题，并开发一个趣味十足且富有创意的智能记分卡系统，与意在与你合作的高层领导分享观点，让灵感与创新碰撞迸发，最终可能产生非凡的成果。想象这样一个场景：

一家采集人血浆的公司开设的捐献中心遍布全

国。各地捐献中心规模差异较大，小的只有20个床位，大的则多达100个床位以上。一个由总经理人组成的小型团队负责监督管理众多区域经理人，区域经理人又分别负责约6个捐献中心。

而各地捐献中心时不时会产生一些不太理想的结果。一些规模较大的献血中心人数平平，而一些规模较小的中心则在不断刷新纪录。总经理人如何才能让捐献量较低的中心重整旗鼓，并让表现良好的捐献中心坚持下去？此外，总经理人如何才能引导各个捐献中心实现更高的绩效和单位产出？

与许多行业一样，问题不在于技术设备、预算，也不在于竞争。你应该已经猜到了，缺乏一致的人员策略才是问题所在。换句话说，人力资本（即公司中人的因素）是影响生产力和赢利能力的终极元素。事实证明，影响捐献中心业绩的决定性因素都直接与区域经理人对捐献中心的了解程度以及对人员的熟悉程度相关。

人力资源可以开发一种记分卡，找出每个捐献

第四章

内容总结

中心驱动员工的关键因素,便于区域经理人将某个捐献中心与其他区域的捐献中心进行比较。下面是一种简化版的记分卡示例:

捐献中心		
员工信息 平均年龄 平均任期 平均工资 平均每周加班费	离职率 年度自愿性离职率 年度非自愿性离职率 年度总离职率 离职面谈分数:(1)公司(2)主管(3)团队	招聘 平均招聘周期 招聘成本 来源成本分析 内部晋升
交叉培训 采血员 检查员 血浆管理员	高潜力员工 现在准备提拔 准备在1年内提拔 准备在1~3年内提拔	平均年龄每月献血量

请注意,现实中唯一与业务有关且与人员无关的指标是记分卡末尾的平均年龄每月献血量。在随后的所有计算和比较中,这一指标将作为(业绩)分母,其他所有指标都将以某种形式依赖于领导和人员管理。

公司副总裁、部门总经理人和区域经理人看到记分卡后便会豁然开朗，就可以轻松地将各个捐献中心进行比较。针对这份简单的领导力记分卡，所有区域经理人都可以与所辖的捐献中心经理人进行一对一讨论，追踪记分卡的结果。区域经理人很容易就能对下辖的 6 个捐献中心进行比较。总经理人可以将下辖的 18 到 24 个捐献中心进行对比。部门副总裁可以直接将下辖的 50 到 60 个捐献中心进行对比。你可以新建一个多标签页的电子表格，避繁就简，将这些比较结果整理并保存到表格中。以下是对各捐献中心的结果进行统计后，区域经理人与捐献中心经理人的对话内容：

梅甘（Megan），在你所辖的捐献中心中，员工平均任期只有 9 个月，我很担心。而在我管理的区域里，各家的平均任期为 2.4 年，全国平均为 2.1 年。此外，你的年度离职率为 58%，这太高了，相比之下，全国为 31%，我们区域仅为 28%。让我们再谈谈离职率的问题，一起来制订方案剖析离职面

第四章

内容总结

谈，更深入地了解人们辞职的原因。

胡里奥（Julio），对于你管理的捐献中心，我发现平均需要 90 天才能填补职位空缺，而区域平均水平仅为 42 天，你们是平均值的两倍多。你认为这些职位长时间空缺，会不会影响团队其他成员的士气？你的加班费也远远超出了我们的预期，所以，让我们制订一个招聘计划来更快地填补职位空缺，此外，让我们看看如何才能减少加班费的支出。

肖恩（Sean），你还没有在你管理的捐献中心找到一名高潜力员工。这让我很担心，认为你可能并未对职业发展给予足够的关注，也没有鼓励你的员工参加获得双认证或三认证所需的课程。请想一想我们该如何补救呢？

丽贝卡（Rebecca），在我们区域所有捐献中心中，你们的员工任期是最长的。你们的离职率也很低，但是，你们的血浆量是本区域最低的。你认为你的团队是不是可能过于自满了？如果是这样的话，我们如何才能重新激发出他们的斗志，提高业绩？

事实上，影响业绩的问题主要源自人力资本（人）的挑战。我们只有关注人的问题，如：任期、内部晋升率、交叉培训率等，我们才能真正搞懂问题是什么。对于有些捐献中心来说，低献血量和高离职率一同出现是非常致命的问题。对于另一些捐献中心来说，种种不同原因（如员工安于现状）都可能会使中心的献血量寥寥无几，员工任期较长，这也是一个问题。此外，如果领导者管理的捐献中心业绩突出，他们便会逐渐脱颖而出：上级会邀请成绩卓著的管理者分享成功经验。区域经理人可以邀请其他区域的捐献中心领导与自己的团队交流经验。最重要的是，区域经理人更容易被提拔为总经理人。

上述举措有利于促进协调和沟通，不仅利于接班人计划的实施，还能帮助中心经理人获得领导更多的认可。人们工作起来也会更加顺心顺意。区域经理人到捐赠中心检查工作时，可以通过查看记分卡，祝贺当天有重要纪念日的员工，夸赞在多个领域接受交叉培训的员工以及高潜力员工。这种让人

第四章

内容总结

耳目一新的做法可以勾起区域经理人的好奇心，经理人只需带着客观的态度，重新审视当前组织面临的问题。人力资源业务合作伙伴同样负责衡量和管理捐献中心在减少离职率、激励交叉培训、发掘高潜力员工方面的人力资本绩效。总经理人、区域经理人、捐献中心经理人和人力资源业务合作伙伴等所有职级都应协调一致，每个人都要齐心协力，团结一致。部门首席执行官一定会乐在其中，人力资源团队借助简单明了的电子表格和些许好奇心就可以真正展示出领导力、沟通和团队建设的价值。

新团队建设

人力资源部和一线经理人携手合作降低员工离职率

许多公司的员工离职率都非常高，这意味着公司的有效领导和管理出现了危机。有非常多的员工在意见调查中认为，领导层对员工漠不关心、公司有失公允、缺乏认可和沟通是导致员工过早离职的罪魁祸首。显然，这些问题是建设高效团队的阻碍：如果你的员工准备离职，你就无法让他们齐心协力工作，以此实现部门或公司的目标。

毋庸置疑，当这种情况发生时，首席执行官和高级管理团队肯定是希望人力资源部出面阻止员工流失。然而，人力资源部经理人在采取措施之前，应该花时间与公司的高级经理人和员工接触，直接了解他们对问题的看法和解决方案。

例如，一家拥有多个区域呼叫中心的有线电视公司面临着一个令人烦恼的情况，每个客服中心离职率都很高，而且原因各不相同：就业市场火爆、

第四章

内容总结

人际关系紧张,甚至还有其他环境冲突。此外,由于离职率高,员工似乎会感到精疲力竭,心情沮丧:在某些呼叫中心,员工甚至会打赌新入职的员工多久后会离职。

采取行动之前,人力资源经理人按以下顺序与主要利益相关者举行了会谈:

1. 高级副总裁
2. 总经理人(即副总裁)
3. 区域经理人
4. 呼叫中心经理人
5. 挑选员工组建焦点小组

人力资源经理人收到的反馈非常一致:与最初认为的不同,问题的关键并非源自外部。呼叫中心采用了一种计算机系统用于记录呼叫次数、每次呼叫的时长、首次呼叫解决率、升级呼叫比率等,但这种"过度监控"给员工带来了许多压力,员工认为上级管理过细,无不怨声载道。员工感觉自己喘不过气来,而经理人也认为这种方式不像是在管理人,而是在管理机器和轮子上的齿轮。

从与各级领导和焦点小组的交谈中,人力资源部经理人还发现了可能会导致员工不满的原因:领导者没有聘用合适的人选,没有提供内部成长机会,没有表现出任何形式的认可或赞赏,没有适当设定期望,也没有让员工承担应尽的责任。

为了纠正这种情况,人力资源经理人建议呼叫中心经理人(在人力资源团队的支持下)采取以下措施:

- 第一,为"推销"公司,吸引更优秀的求职者,经理人应该改写招聘信。通过加强对求职者的筛选,在某些领域,允许员工与入围的申请者进行小组面试。
- 第二,管理人员制作一份招聘手册,介绍公司的历史、职业发展计划、福利以及招聘流程的细节。依据现有资源,全面开展交叉培训活动,推出学习管理系统,提供职业发展

第四章

内容总结

材料和自定进度的视频，增进员工的技术和领导技能。

- 第三，管理人员拟定一份单页信息文件，介绍"入职后90天内要做的事"，招聘经理人可以在面试期间与求职者分享。该文件详述了职务将面临的挑战，如：与脾气暴躁的客户打交道；需要整天坐着；解释计算机监控系统如何运作，确保以后不会出现任何意外。此外，管理人员还设立了新制度，邀请求职者参观呼叫中心，这样他们就可以直接看到员工是如何处理问题的，还能接听电话，直接了解中心内部的诸多部门和机会。

- 最后，与员工探讨一下如何更好地使用计算机自动化系统。邀请员工说说，在该系统内工作时，如何才能让自己感觉像个数字。有的员工还建议将系统"游戏化"，在达到某些里程碑时，触发对成就的认可和赞赏，而不是简单地指出问题。

- 启动大使计划（又名伙伴计划），让高潜力员工与新员工配对，在新员工入职后的 90 天内提供指导，确保他们进入公司后平稳过渡，同时，也可以让大使萌发出健康的竞争意识，有助于他们的学员取得成功。大使计划还可以为后续的高潜力计划奠定基础。

此外，每个呼叫中心高效运营的关键因素都有所不同：有的引入了职场培训计划，引导员工消除隐性偏见，培养尊重意识；有的建立了交叉培训制度；有的开展了认证课程；还有的制订了阶梯式发展计划（员工慢慢积攒所在岗位的经验，逐步晋升），使得工作弹性更高，符合员工需求。最后，呼叫中心还计划举办小组和团队活动，加强同伴关系，促进沟通。这个解决方案的绝妙之处就是各个中心都可以即刻参考使用：只需一个公正的外部观察者，带着好奇心和善意，就可以提出这些解决方法，并形成体系。这就是最好的团队合作。

即使你不在人力资源部门任职，也无法获得整个公司的人员结果，但你仍然可以采取多种措施

第四章

内容总结

改善你的部门或团队的运作方式。你可以准备好纸,从召开团队会议开始。你需要筹划问题解决步骤,对于常常采用备用方案的地方要倍加关注,要求你的团队提供反馈和建议以简化流程。如果你不问,你就不会知道。而这就是有效领导的奥秘之处:你不必知道!你只需要创造空间,鼓励员工提出建议。一线员工往往对工作量、捷径和注意事项了解更深。当你有机会领导这些员工时,认可他们,赞赏他们。多询问员工的意见,重点关注什么是有效的,什么是无效的。虽然你不会立刻得到所有问题的答案,但你可以根据团队的发现和建议,为老板制订团队目标和季度业绩计划。

与身处危机中的员工打交道：积极的管理干预计划

对于所有老板来说，防止职场暴力和加强职场安全都是重中之重。但是，一线领导却很少重视学习如何积极主动地处理员工危机。当你发现员工将自己与团队的其他成员孤立开来时，你会怎么做？当员工称自己有自杀倾向时，你该怎么办？如果这位"有自杀倾向"的员工变本加厉，愈演愈烈，继而引发出"杀人"的倾向，你会怎么办？这些极端情况在职场中并不多见。但是，多数人力资源从业者在其职业生涯的某个阶段都与许多处于危机中的员工打过交道。现在，让我们一起学习这种智慧，探寻解决问题的方法。

让孤立的员工重新融入团队

有些员工易受非理性行为影响，常常孤立于群体其他成员之外。这些人会逐渐形成一种"打卡"

第四章

内容总结

心态，敷衍了事地完成工作后，便表现出"事不关己，高高挂起"的姿态。帮助处于危机中的员工有时困难重重，所以许多经理人总是回避这个问题。

然而，由于缺乏信息和双向沟通，这些员工有时会自以为是，固执己见。一般来说，这些人自我意识不强，而且抱有权利心态，别人很难接近他们，也很难获得他们的认同。因此，即使对方的行为本无恶意，他们也会认为对方带有恶意，并为自己的愤怒辩解。这些孤立的员工可能只是需要一个重新融入团队的机会，一个享受工作中社交元素的机会——你需要表达出对他们出色工作表现的认可和欣赏，增强他们的归属感，让他们相信他们能在公司产生积极影响。

让孤立的员工顺利地与同事重新接触并非易事。首先，作为团队领导者，你需要拉近与团队成员的个人关系。然后，你需要鼓励员工参与团队活动，并将"局外人"置于你的羽翼之下，让每个人都可以毫无顾忌地相互交流，更加紧密地合作。这样做没有对错之分，但你要知道，如果想更加积极主动地与他人互动，人们必须要坦诚相待。你的工作就是要让员工放下戒心。实现这一目的的最佳方式就是你自己要敞开心扉、推诚相与，让其他人感觉这是正常的。你对员工的关怀可以充分展现出你的性格和同情心，这就足够了。

你可以与员工一对一会面，了解他们如何看待这种情况，这是非常重要的一个环节。你可以这样问：

你如何评价我们团队内的友情和合作情况？员工之间相处得如何？你和团队其他成员之间有什么特殊的问题吗？

团队成员之间曾经有没有什么摩擦？你能告诉我这些问题是如何解决的吗？或者是否还有尚未解决的问题？是否有人在发生了某些事后"脱离"了团队？或以其他方式从团队中孤立了出去？

我们想改善这种情况，你有没有什么建议？

我得请你帮个忙。如果我想从中斡旋，化解双方矛盾，你会支持我吗？你欢迎不欢迎问题员工回

第四章

内容总结

归团队？

通常情况下，各方对冲突前因后果的解释会非常相似，你还可以客观地看到事情的两面，了解后果是如何产生的。如果每个人都承诺尽自己的一份力量来改善这种情况，你就该举行一次小组会议了。

小组会议开始时，你可以这么说：

伙计们，我们现在与同事相处的时间要比家人和朋友多，所以我们肯定有很多事情要处理。然而，如果我们让本就消极的环境继续恶化下去，那么这显然是无法让人接受的。如果我们缺乏沟通，心怀未解的怨恨，或者不尊重彼此，那么工作不但将毫无乐趣，而且不能激发出同事全部的生产力。

我已经跟你们每个人都单独会面过了，知道了一些曾经影响团队的问题，我想让你们知道，我们得创造出一个人人都有尊严、互相尊重的工作环境，而且你们每个人都要为此负责。我还要求你们要对自己的"认知管理"负责,我不是说你们谁对谁错,我的意思是,你要确保其他人理解你的好意,并要让对方感到宾至如归,能融入我们部门当中。

我知道,可能需要数年时间才能做到这一点,而你们在相处时,同样可能需要很长时间才能达到相互信任和尊重的境界。但人们往往会以善意回应,如果你尊重别人,对方也会尊重你。我今天开会就是说这些事,如果你们需要我,我会竭诚为你们每一个人服务。

但如果你们有人企图将责任归咎于他人,我绝不会容忍。我也不会让任何员工感到被孤立或与团队其他成员有隔阂。同样,以后不允许打小报告,不准偷偷告密,也不许说人闲话。如果有人还出现这些问题,那么将会受到纪律处分。但是,如果你们支持我打造一种更具包容性的工作环境,那么我们就能另辟蹊径,革旧图新,为我们的工作创造新价值。你们会支持我吗?

第四章
内容总结

让员工有安全感是规避职场潜在危机的最有效的方式。

员工扶助计划

如果你已经好心劝导过孤立的员工了,但他还是告诉你他想自杀,你该怎么办?如果你的公司有员工扶助计划(EAP),你可以对员工说:

> 克里斯(Chris),我希望在我给员工扶助计划组打电话时,你可以和我一起在这里等,因为,如果你确实有这种想法,我并不能给你提供最好的帮助,但我知道员工扶助计划组的玛丽莲·琼斯(Marilyn Jones)肯定能帮上忙。好吗?

你应该在员工同意的情况下向员工扶助计划组进行"正式"转介,不要让员工"自愿"提出转介,避免他们自我指涉。

但是,如果在某些极端情况下,正式转介势在必行时,你必须确保员工除了有精神抑郁、自杀倾向或潜在的敌对情绪，还存在着工作绩效问题。正式转介时，你需与接诊咨询师讨论你对工作绩效问题的看法（不一定要当着员工的面）。员工同意后，员工扶助计划组随后便可以为你提供有关个人参与度、配合度和预后的有限反馈。

某些情况下（例如，存在职场暴力倾向），你可以拒绝让员工返回工作岗位，除非有执照的保健医师能为其开具适合工作的证明。评估开始，你就应该让员工回家。除此之外，员工还可根据休假总时长获得补偿，同时接受进一步的治疗。

《美国残疾人法案》带来的限制和警告

关于"正式"的员工扶助计划转介的警告：虽然将具有自杀倾向的员工进行转介是合情合理的，但近年的判例法表明，《美国残疾人法案》（*Americans with Disabilities Act*, ADA）给进行正式的员工扶助计划转介的老板造成了困扰。具体来说，原告律师会认为，如果老板将员工进行强制员工扶助计划转介，那就意味着老板将委托人视为残

第四章
内容总结

疾人。《美国残疾人法案》和一些州的残疾歧视法保护残疾人或被认为有残疾的人，包括精神残疾。如果你随后决定采取一些对员工不利的行动（尤其是解聘），律师的这种解释可能会让你在法律上面临一些问题。

此外，你不能用威胁解雇的手段，强制要求员工参加诊疗课程。这样做的话，员工扶助计划转介就会成为你惩戒权的延伸，在美国某些州，你可能会被指控认为员工有精神残疾、侵犯隐私、滥用机密医疗信息，导致员工对你提起残疾歧视的行为索赔。简而言之，当面临如此艰巨的挑战时，如果可能的话，请提前聘请有资质的劳动事务辩护律师。预防胜于治疗，你尤其要注意，根据《美国残疾人法案》，法院可能会判老板歧视残疾，并且需支付惩罚性赔偿。

安全第一

员工的极端反应还可能导致他们产生潜在的谋杀威胁，而不是自杀。例如，如果某天早上一位员工来到你的办公室,在你的办公桌上放了一发实弹,并说"同事要是知道好歹的话",那么今天最好不要打扰她,你该怎么办?在极端情况下,像这样的暗示性恫吓较为常见。

你的第一反应可能是解聘此人,将其拒之门外。这最后可能是对你公司最有利的决定。但是,你最好不要反应过激,也不要仓促下定论,要保持公正。这种情况下,让员工带薪停职可能效果最好。你可以这样向员工解释:

克里斯,我知道你与员工扶助计划组见过面,他们给了我们一份书面许可,允许你重返工作岗位。你也告诉过我,你当时的工作状态好多了,与同事的关系也缓和了。但现在,你跟我说了你的感受以后,我产生了一些担忧,我认为,在我与上级讨论如何妥善处理这件事时,你最好是待在家里,我相信你理解这一点。我们将其称为行政休假,并继续向你支付工资,与全职一样。我今晚到家后会给你打电话。

第四章
内容总结

不过我得请你帮个忙。我们公司处理这些事情的常用方式就是让员工直接回家。在我调查客观事实时，我不能让你在这里工作。让你在家等候结果是行政休假的一部分。这对你来说合理吗？你同意这一要求吗？

［我同意。］

你可以态度温和地陪着员工离开公司，提醒安全人员或采取其他合理措施以确保其他员工的安全。大多数劳动事务律师会建议你告诉其他人，确实有人对他们个人或集体造成了威胁（无论是否公开）。你还应该与员工分享公司为解决这种情况而采取的步骤。但为了保护个人隐私，避免日后的诽谤指控，你的细节仅限披露给有需要的人。

将这些新发现的威胁提请员工扶助计划组注意，确保解聘员工之前向有资质的法律顾问寻求建议。如果你最后还是选择解聘，请在24~48小时内通过电话进行告知。用快递将员工的个人物品和最后一笔薪水寄到员工的家中。附上一封信，声明此人在未经人力资源副总裁或类似指定人员事先批准的情况下，不得以任何理由再次进入公司大楼。公司律师应审定这封信的终稿。最后，请记住，如果你的其他员工需要找人谈谈心的话，员工扶助计划也是一个不错的选择。多数员工扶助计划组可以来现场解决团队需求，也可以与团体进行远程通话或视频会议。

领导力、团队建设和信任需要完全透明。你需要让员工知道，你愿意与他们开诚相见，你能帮助他们度过这样的挑战。同样，对待被解聘的员工时，你必须逐个地专业对待，这样才能让他们的职业生涯继续发展，并让他们明白公司的决定只是时机和现实造成的，并非针对个人。你讲述事实时，要心平气和，抱有同情心。说话时，你要坦率真诚、敞开心扉，并表示以后随时都能为对方提供帮助。请记住，说真话可能有些伤人，但如果你多注意一下别人的感受，造成的伤害会小很多。这就是卓越领导力和积极沟通的全部意义所在。

第四章

内容总结

面对成功，戒骄戒躁：自我评估以成为更优秀的经理人

畅销书作者和领导学大师马歇尔·戈德史密斯（Marshall Goldsmith）在《习惯力：我们因何失败，如何成功？》（*What Got You Here Won't Get You There*）中阐述了个人习惯和行为是如何阻碍你更上一层楼的。这本书还描述了一个人从个人贡献者到管理者的转变过程，介绍了各种必备技能。这本书指出，你的某些特质（例如，不惜一切代价争取胜利的精神）也许曾是你成功路上的助推剂，但现在却是阻碍你职业发展更进一步的原因。作者建议专业人士制定一份"停止"清单，而不是"代办"清单，这样你就可以客观理性地突破自己强加给自己的限制了。

诚然，我们自身可能都存在无意识习惯，而这些习惯就可能成为前进路上的阻碍。我们怎样才能重新审视自己？你要知道，只要我们能秉持谦逊和

开放的态度，公平客观地评估自己，改变比我们想象中要容易得多。当然，只要敢于自我批判，这个问题将会有无数种答案。你只要践行无私式领导、提高情绪智力，上述难题便会迎刃而解。你可以这样做……

情绪智力建立在同理心的基础上。高情商的企业领导者不仅仅善于倾听他人，还会关心别人，乐于为他人着想，常常能做出体贴入微的决定。他们非常擅长沟通，善于战胜困难和化解冲突。高情商的领导者认为，社交技能的重要性丝毫不逊于智力，有效领导不应忽视他人，而是需要通过他们来完成工作。

简单地说，情商能让领导者在职场中感受到人类情感的细微差别，而且，还能带来许多切实的好处，例如，增进员工之间的协作，打造更愉快、更轻松的职场文化。由于情商是可以习得并得以提高的，所以现在情商是有关领导力的最热门话题之一。

高情商的领导者很有自知之明，善于创造友好包容的工作环境，勇于承认并分享自己的缺点和不

第四章

内容总结

足,向信任的人敞开心扉,不计较他人的错误,能巧妙地赶走"害群之马",善于判断别人的性格。

这在实际中会是什么样子?高情商的领导者会以自己是团队成员的教练和导师而自豪,他们会设定目标、庆祝成功。他们还能根据公司需求的变化,不断寻找新的方法来重塑自己。他们认为动机是内在的,当无法直接激励他人时,他们可以创造一个让员工可以自我激励的工作环境。简而言之,高情商的领导者心怀感恩,无私忘我,传递善意,接纳和鼓舞他人。

"无私式领导"又称为"服务型式领导",这一概念已有几千年的历史。1970年,罗伯特·格林利夫(Robert Greenleaf)的《服务型领导》(*The Servant as Leader*)一书使其重新焕发了活力。格林利夫在书中指出,"服务型领导首先是仆人,他怀有服务为先的美好情操。他用威信与热情来鼓舞人们,接着确立领导地位"。然后,他区分了领导为先和服务为先的范式:"这两者的区别凸显出服务型领导关心的是服务,是他人的需求是否得到了满足。测试领导者是否是服务型领导的最好做法——对其本人来说或许也是最难的做法,就是去考察其服务对象,看看他们是否强壮、聪慧、自由、自主,也想成为助人为乐的公仆。再看看最为弱势的群体在此领导之下是怎样的境况,他们是否也同样获益,或者,至少不再被边缘化,不再被抛弃。"

换句话说,"如果你的行动能激励他人拥有更多梦想、学习更多知识、做更多贡献,那么你就能称得上是一位领导者"。领导者还致力于培养人才、开发员工的才能。他们还会实施绩效管理系统,提供真实的发展反馈,帮助他人提高自我意识,无论员工留任与否,都会帮助他们为未来的职业发展做好准备。领导者还会协助员工总结自己的成就,寻找宝贵的成长机会,以最高标准的绩效要求员工,让员工对自己的行为负责,这不仅是为了公司,也是为了他们自己的职业发展。在你的示范下,会有更多的人追随你的步伐。你树立了领导力的典范,其他人也可以以你为榜样,有所作为。

商业世界不需要明争暗斗,尔虞我诈。若想过

第四章

内容总结

好自己的生活，把握自己的职业生涯，你应该相信自己，按照自己的想法处理事务。真实、尊重和包容应该是你所追求的目标，也是你工作中的得力助手和绝佳理念。你可以借此丰富人们的生活，让公司发展壮大，越来越好。你将发现其他人会很乐意追随你的领导，期待你成为开明型领导者。

开明型领导者：几点反思

成为开明型领导者并不是遥不可及的理想，人人都可以做到。这并非是要求你成为像美国总统罗纳德·里根（Ronald Reagan）、比尔·克林顿（Bill Clinton）那样的沟通大师。你也不需要像第二次世界大战中美国的乔治·巴顿（George Patton）将军一样，在极端的环境中证明自己。相反，开明型领导者常常通过"润物细无声"的方式激励他人，而且领导者个人的品性往往比他的行为更重要。

我们已经讨论了"存在胜过作为"，你只有努力成为领导者，学会倾听，善于关爱他人，才能获得尊重，实现激励启发员工，而你做的事情并没有那么重要。你不必弄清楚到底该做什么，只要你做事时，心怀善意，公正无私，你就能在同行中脱颖而出。管理方面的书籍介绍了成百上千种激励员工的方法，但员工其实是自己激励自己。你要做的只是创造一个合适的工作环境。公司出现危机时，

第四章

内容总结

如，离职率激增或出现关于工会组织活动的谣言，领导者就会想办法提高员工的干劲——"快，去找一本关于激励员工的书！"。但是，从一开始就创造出一种合适的环境是不是会更加容易？

我在本书前面提到的"已所欲，施于人"是美国企业界严重缺失的职场智慧。不幸的是，在律师事务所、会计师事务所、医生轮流实习和培训项目中，人事变动率非常高，而新人也在不断涌入。电视节目揭示了24小时轮班制对年轻医生的工作与个人生活的影响，而科学和医学期刊研究表明，年轻医生在缺乏睡眠的情况下会做出某些改变命运的决定。在这样的项目中，老员工会让新员工也体验到他们曾经历过的痛苦。这本书或任何其他书都不会改变这种适者生存的心态。

在你的公司、办公室或车间中，不一定非要如此。不管你在哪里工作，也不管你做什么，你都可以成为员工心目中最好的老板。你可以影响员工，支持员工，帮助他们变得更优秀，取得更卓越的业绩。你可以成为善于关怀鼓励别人的人，做一位经验丰富的指导者、激励他人的领导者。

我们很容易简单地认为成功的领导力是虚无缥缈之物。你可能在整个职业生涯中都没有遇到过特别好的老板。你可能会觉得在一个竞争激烈的行业中工作，大家都各自为战。你的想法虽然有一定的道理，但是你可以突破这一陈旧的模式。

改变思维，你的认知也会随之改变。换个角度看世界，虽然你周围现实的客观结果可能不会改变，但你的感受可能会截然不同。这并不是逃避现实。尽管你从事的行业竞争残酷，尽管你遇到的领导者都不是很理想，尽管你需要在更短的时间里做更多的事，但你可以使你的员工免受这类繁杂琐事的影响。我想你也猜到了，责任全在于你。你需要将你领导下的员工与你所面对的这些挑战分隔开来。

你要知道，你最终要成为一位善于激励他人和发掘人才的领导者。你的目标就是要将下属的潜能发挥到极致，你不必要求员工克服所有的缺点，而是要充分发挥员工自身的优势。成功的领导力侧重

第四章

内容总结

于建立优势而不是弥补劣势,因此,你需要另辟蹊径,发挥员工优势,激发员工敬业度。享受其中的乐趣,适当放松。要明白生活是一份礼物,在你生命的大部分时间里,与他人共事既能激励你,也能挫败你,还能吸引你,让你为此着迷。

工作与生活一样,你需遍历酸甜苦辣,才能体会到各种感受和情绪。如果你曾经对他人伸出援手,促进别人的职业发展,帮助他人突破自我,发掘出全部潜能;那么最后,这些人一定会真心诚意地追随着你。因此,领导能力能帮助你接触其他人的生活,让职场变得更美好,因而是职场最伟大的恩赐。

这就是所有的奥秘所在。这就是成为伟大领导者和开明型领导者的秘诀。本书所写的不是你最后要达到的状态,而是你要践行的举措。在你的职业生涯和工作生活中,你不能忽视他人,你需要尽心竭力地与人交往。授人以吾欲知。鼓励他人适当冒险,开拓创新。当员工犯错或脆弱无助时,给予帮助。要明白,从当事人的角度来看,他们的所作所为都是合情合理的，当你有疑问时，请选择同情。你可以选择成为改变人们生活和职业生涯的领导者。所以继续前进吧！努力重塑自己。从现在起，提高领导力，学习激励个人和促进职业发展的方法，展现无私忘我的精神，我相信，世人已经迫不及待了。我希望这本书能对你有所启迪。